出口王仁三郎　著

東北日記

五の巻

天声社　発行

東北巡教中の出口王仁三郎聖師〔著者〕と青海王
（青森県 浅虫温泉 東奥館にて）

聖師さまと旅に出ましょう！

——新訂版『東北日記』全八巻の刊行にあたって——

このたび開教百二十年記念事業「教典・教書の整備」の一環として、新訂版『東北日記』全八巻を刊行することになりました。この『東北日記』には、四国旅行の『二名日記《ふたな》』に続く昭和三年七月十一日から十一月七日のおおよそ四カ月もの間の、北陸、東北、北海道、関東各地を巡られた長途の旅の様子がまとめられています。

昭和三年三月三日、みろく下生を宣言された聖師さまは、精力的に全国巡教の旅を始められ、その記録を歌日記として書き残されました。聖師さまは、この全国巡教の目的を「国土を天柱につなぐ」ためだと語られています。実際、聖師さまのご巡教により、その土地土地のさまざまなものが清められ、救われていたであろうことが想像されます。そして、神さまとその土地との神縁がつながったことにより、ご神徳に浴した人々を中心に新たな大本信仰がいたるところで始まっています。また、第一次大本事件による偏見をなお残していた一般の人たちも、聖師さまに実際にお会いして、その大らかさにふれ自然と笑顔に和み、大本に対する誤解も解かれていきました。

聖師さまご自身が万年筆を手に書き留められたお歌の中には、各地方の麗々たる自然風物の描写がある一方、聖師さまらしいユーモラスな遊び心に満ちたものも多く、温かく慕わしいお姿に出会うことができます。また、それらのお歌の間には、風刺のきいた随筆や地方に伝わる伝奇、はたまた地方経済の活況ぶりなどが、近くで聞くかのように挿入されています。さらに、聖師さまの動静を報道する地方新聞記事を読むと、当時、聖師さまがどれほど一般から注目されていたかもよくわかります。

大本讃美歌の言葉に「我《われ》らの友なる瑞御霊《みづみたま》」とありますが、この歌日記を拝読することで、聖師さまと近しく一緒に旅をしているように感じていただけることでしょう。

この新訂版『東北日記』は現代の人たちにも親しんでいただきたいとの思いから、短歌は旧仮名のままとしましたが、短歌以外の文章やふりがなについては現代仮名遣いに改めさせていただきました。

昭和三年の聖師さまご巡教から九十年の佳節を迎え、本書が、各地における大本信仰のルーツを再発見していただく良い機会になれば幸いです。熱心な信徒の皆さまはもちろんのこと、次代を担《にな》う若い人たちにもぜひ手に取っていただきたく、お薦め致します。

平成三十年十一月四日　大本開祖大祭の日

大本本部

〈目　次〉

目次　終わり

東北日記　五の巻

昭和三年九月十一日

於　釧路《くしろ》市　虎屋旅館

今朝はまた昨日に変わりてみ空 清けく澄み渡り、太陽晃々《こうこう》として輝き
村烏《むらがらす》はこずえに笑い、雀《すずめ》のさえずりどこともなく勇まし。

朝の空清けく澄みて東天に天津日の神輝きたまへり

今朝七時の汽車にて釧路講演会準備のため安部時平、佐久間大三郎の両宣伝使先発す。

第一銀行の経営になる根室牧場を視察せんと野田宣伝使に案内されて午前九時半自動車を馳《は》す。横一里、縦四里、総面積三千五百町歩。個人の経営としては北海道における牧場の首位を占め、日本国より見れば第三位の大牧場である。天気晴朗にして大空一片の雲もなく風清く日麗《うらら》かなり。昨日渡りし千島、国後《くなしり》島は遠く海の青き波浪《はろう》を越えて彼方《かなた》にかすみ、海抜五〇〇〇尺（一、六二六メートル／現標高一、八二二メートル）の茶々ケ岳（現・爺爺岳。国後島にある）同じく四、五〇〇〇尺（一、三六三メートル／現標高一、五六三メートル）の硫黄山（知床半島にある山）は高く雲表にその英姿を現し、牧場に散在せる緑陰涼しく牛馬の草を食《は》むもの数知れず。一頭にして一万円、一万二千円と称するフランス種の馬匹《ばひつ》や、ホルスタン種の一頭に付き一万円以上の時価を有するもの数頭ありてその

根　室　牧　場

北海道　根室市街

北海道　釧路市街

阿寒湖より望む雄阿寒岳

規模の広大なる感嘆の至りなり。

野田氏の主管せる綿羊牧場に至ればシリップシャ種と有角メリノー種約二百頭ばかり飼育され、コリー種の探偵犬に守られて羊の天国生活を味わうさま羨《うらや》ましきほどなり。羊舎や牧場など一見せし後またもや自動車は矢のごとく走りて帰り路につく。途中、諸官衙《かんが》（役所）や寺院の建物など眺めつつ支部に帰ればまさに十時十分なりき、この間わずかに四十分なり。

一行は根室牧場観覧と野田氏に案内されて馳《は》せ行く

北海道一の牧場視察してその広けさに舌を巻きたり

牧畜に経験を持つわが身には人に勝りて感想深けし

牧場より帰りて一息つぐ間もなく、根室日報社社長 本城文雄氏来訪ありて既成宗教の活動なきを慨し、かつ明治大正にかけて勃興《ぼっこう》せる新宗教の活動のさまなど嘆賞しつつ暫時《ざんじ》にして辞し去る。氏は宗教家にして今もなお僧籍を有すとのことなり。

本城氏訪ね来たりて新宗教活動の様賞《ほ》めて帰りぬ

○ 情　歌

広い世界の眼につく程に思ひ重なる富士の雪
売られ行く身も知らずに啼《な》いて可愛や夜店のきりぎりす
濡《ぬ》れた姿が猶《なお》いぢらしい雨の野に咲く女郎花《おみなえし》

積る恋路もかさなる雪も晴れて涼しい秋の月
消灯喇叭《ラッパ》をうつつに聞いて逢ふたその夜を夢に見る
同じ思ひを打ち明けかねてじれて更け行く先斗町《ぽんと》

○

根室支庁に職を奉ずる高橋鶴寿氏は昨夜の講演に感じて来訪され、灯明料として一封を神納されたり。未信者ながら奇特というべし。
言霊《ことたま》の幸ふ松の教《のり》ききて高橋鶴寿氏幣《へい》たてまつる
三昼夜の秋の日を根室の支部に起臥《きが》し、いよいよ今日は釧路《くしろ》市まで遠乗りせんと午後一時五分迎えの自動車を並べて根室駅に進めば、大本信徒と真宗門徒の面々、左右に神旗または法旗をかざし列を正して待ち迎う。一方は大正昭和の怪物、一方は借金王東本願寺の崩解坊と世間から囃《はや》し立てられ、常に新聞種の製作者なる二大珍客が乗車するというので、信徒門徒以外の人々山のごとくに集まり来りて、秋の駅頭は思わぬにぎわいを呈している。わが一行は二等室に陣取り発車の時刻を待っていると、東本願寺の旧門跡大谷句仏上人（注）が令嬢二人を伴い片足を引きながら這入ってきた。そして次の寝台室にと納まった。窓外見送りの大本信徒と門徒でプラットを身動きできぬところまで埋めてしまった。

【編者注】大谷句仏…明治大正期にかけて活動した浄土真宗の僧侶、大谷光演。東本願寺第二十三代法主。また真宗大谷派管長。画家、俳人としても知られる。生涯に約二万句を詠み、日本俳壇界に独自の境地を開いた。

釧路市まで野田靖孝、中谷幾造、多田仁太郎の諸氏見送るべく同車。次に落石《オッチシ》まで平川潔、平川忠之進、斎藤喜之助、高橋はな子、野田喜三郎、大塚なよ子の諸氏同車。花咲まで平川すゑ、同りよ、同房男、佐々木よしゑ、同かつゑ、野田いつ、斎藤やゑの諸氏同車見送りあり。また根室駅にまで見送りたる人は野田はる子ほかに四十三人なりき。

いよいよ午後一時二十分列車は動き始めた。大本宣信徒および真宗の門徒らも陪乗《ばいじょう》して近くの駅まで見送る。中には合掌する人さえ見えた。

午後一時五分に支部を立ち出《い》でて根室の駅に車走らす

駅の前車降れば大本と真宗門徒旗樹《た》てて待てり

二等車に席を定むる折もあれ句仏上人一行のり込む

真宗の僧侶や門徒のりこみて婆媽雀《ばばかかすずめ》の囀《さえず》り高し

際限も無き大野原眺めつつ釧路に向かふ今日ぞ涼しき

楡《あかだも》の林平野のあちこちに散在する見て花咲《はなさき》に入る

花咲の駅に神旗をかざしつつまめ人十名出迎へてありぬ

花咲の駅より見れば野の面《おも》に白黄紫草花咲き満つ

山容は何《いず》れを見るも緩やかに諸草茂る根室平原

大空に薄雲漂ひ窓を吹く風の涼しき今日の旅かな

此《こ》のあたり根室牧場取り囲み牛馬放牧せる様豊けし

防霧林伐採したるその為《ため》に根室屯田荒野となりける

濃霧さへ無ければ田畑栄ゆるを惜しまるるかな根室の荒野は

張板に紅衣干せる家の軒のちらちら見ゆる西和田《にしわだ》の駅かな

西和田のあたりの野辺に樹《き》はあれど老いたるのみで細く短かし

真宗の門徒は百舌鳥《もず》か燕《つばめ》か雀《すずめ》か蝉《せみ》か時じく囀《さえず》る

高低の激しき牧場に白き牛の小さく見えて野は広がれり

長節《ちょうぶしと》沼波に浮べる島山に弁天の祠《ほこら》すがしく建てあり

右手《めて》の山ふもとに見ゆる音根《おんねっと》沼波白々と陽《ひ》に映ゆる見ゆ

黒松やトド松植林広々と陽《ひ》にかがやけりわが窓の外に

七ツ葉の花の黄に照るそが中に接骨木《にわとこ》の実の赤きが混れり

左手《ゆんで》には海原近みて昆布盛浜《こんぶもり》の秋風エゾ松に吹く
海中に奇石怪岩立ち並び風光妙《たえ》なる昆布盛かな
蝦夷《えぞ》松の森林長く打ち続く原野馳《は》すれば窓に陽《ひ》の射る
トド松の苔《こけ》むす幹にその梢《うれ》に白々下がる瓦斯《ガス》の糸かな
落石《おちいし》の駅に来たれば盛装せる雲雀《ひばり》の群は落ち行きにけり
わが行を送り来りし信徒《まめひと》も此処《ここ》より袂《たもと》を別ち降車す
落石の駅の彼方《かなた》に無線電いとひろやかに建てるある見ゆ
見るからに心涼しき眺めかなエゾ松茂る左右の密林

句仏師は寝台車室の戸を閉ぢて納まりにけり疲れたるらし
オソツナイ海岸にある岩山にいと珍らしき大穴門あり
無電局電柱天に冲《ちゅう》しつつ羽根一文字に鳶《とび》の舞ふ見ゆ
曲線の美を極めたる青芝の丘連なりて国原広けし
寒暖計七十六度を示しつつ牧牛むらがる高原を馳《は》す（注・摂氏温度では約二四・四度）
目の届く限りはエゾ松トド松の林つらなる山野の清《すが》しも
大いなる烏《からす》高舞ふ高原の秋の景色の静かなるかな
御面倒ながら切符を拝見と車掌きたりて鋏刀《はさみ》入れ行く
原始林中に枯樹《かれき》の白々と立てる姿の風雅なるかな

老松の林杜《とぎ》切れて放牧の斑《まだら》の牛の群れ遊ぶ見ゆ

楡《あかだも》林のあちこち散在する野路越え別当賀《べっとうが》駅にかけ入る

エゾ松やトド松の材山の如《ごと》積み重ねたり別当賀の駅

駅ちかき一つ家の庭に桔梗《ききょう》花ダリヤの花の美《うるわ》しく咲く

熊笹の茂る原野にちらちらと淋《さび》しく生《お》ふる楡《あかだも》の森

大空に魚鱗の白雲ふさがりて窓に鈍《にぶ》き陽《ひ》刺し初めにけり

鈍き陽も刺さなくなりて白雲の天を包みしむし暑さかな

第一位瓜実顔《うりざねがお》は打ち伏せり天国異国の夢結ぶらん

かくの如《ごと》森林地帯と知らざりき此所《ここ》らあたりは夜汽車に通りて

北海道旅して思ふわが国はまだ開墾の余地の多きを

鳴球氏俳句の友と句仏氏を車室に訪《と》ひて帰り来たれり

右左林つらなる初田牛《はったうし》駅の景色の珍らしきかな

日記歌五十首詠めば漸《ようや》くに着きにけるかな初田牛駅

高原の森林地帯馳《は》せ行けば秋風車窓にあたりて涼し

山火事のあとありありと木の株の黒く焼けたる見えて淋しき

白き襯衣《シャツ》きたる男が三五人防雪林に鍬《くわ》打ちふれり

そろそろと萩生《はぎう》の林見えそめて野辺のながめの広がりにけり

赤さびの軽鉄レール山の如《ごと》つみてありけり厚床《あっとこ》の駅

香鹿氏句仏氏の席訪問し室に帰れば厚床《あっとこ》の駅

樹《き》の梢《うれ》はそよぎもやらず薄曇る厚床駅の静かなるかも

乗降の客さへもなく静まりて深夜の気配漂ふ厚床

汽車の釜咽喉《のど》かわかして水を呑《の》む間の長さ退屈さかな

漸くに明眸皓歯《めいぼうこうし》目をさまし黙しうなだる厚床の駅

鞍《くら》おかぬ裸の栗毛に跨《またが》りてかけつけ汽車に遅れし人あり

何処《どこ》までも同じ草木の茂りたる窓外ながめて飽きし旅かな

森林の小路を縫ひつつ鉄道馬車見えつかくれつ南に走れり

林中に人の居るかとよく見れば焼木の杭《くい》の立てるなりけり

隣座の客の弁当開きしゆ吾《われ》もパンをば割りてほおばる

蕨生《わらびう》に早秋立ちて赤々と葉の萎《しぼ》みつつきりぎりすなく

頬《ほほ》に肘突き立てながら弓《ゆみ》の家《や》は矢を射る如《ごと》く窓外を見る

付近皆老樹の林のみありて人家少なき姉別《あねべつ》駅かな

禿縛《はげしばり》あちこち茂り風死して寂寥《せきりょう》迫る姉別の野路（注・禿縛）

芒《すすき》の穂鞘《さや》を払ひて路《みち》の辺に細く短かく寂しく立てり

【編者注】禿縛…土砂崩れ防止、またやせ地の緑化に植えられる植物にこの別名がある。カバノキ科ハンノキ属ではヒメヤシャブシなどがあり、マメ科ハリエンジュ属にはニセアカシアがある。いずれも根に根粒菌をもち、やせた土地でも良く育つ。

面白き枝ぶり木ぶり連なれるニレの林のめづらしきかな

青々とははその楓《かえで》茂りつつ汽車いびきかく秋の旅かな

キャラメロは車窓にもたれ眠る間に吾《われ》は好物サイダーを飲む

七つ葉の黄色き花も黒ずみて秋長《た》けにけり根室平野に

枯れし木の数多《あまた》あちこち昼寝する根室の山林ゆたかなるかな

雲の幕やぶりて秋の太陽は鈍き光をなげ初めたり

水溜《たま》り小さくはゆるそのほとり羽色美《うるわ》しセキレイの飛ぶ

踏切を通れば里のデコ坊が走《は》す汽車を見て手を拍《う》ちてあり

百合《ゆり》の花人家の軒に咲く見えて浜中《はまなか》駅に進み入りけり

桐多布《きりたっぷ》港は一里真東にありて函館《はこだて》釧路《くしろ》に船通ふ

白樺《しらかば》の茂る林の下かげにいともやさしき女郎花《おみなえし》さく

ところどころ電柱草の花白くさける林の秋のさびしさ

しめりたる芝生《しばふ》に混りて虎の尾のむらがり立てる様の珍らし

汽車走る右と左の芝の生《ふ》に清けく咲けり黄金草の花

あちらこちら林の梢《こずえ》黄ばみつつ根室山野に秋は更け行く

新しく開きたるらし畑の面《も》に焼けし木株の数多《あまた》立つ見ゆ

汽車の旅のどかわかせてサイダー飲み茶内《ちゃない》の駅に着きにけるかな

国境を越えて漸《ようや》く釧路なる茶内の駅に着きにけるかな

スキー場の開かれてある此《こ》の里に秩父の宮の降臨かしこし

黄金草匂へるそばに珍らしく只《ただ》一株の真珠草さく

三十年のさきにはかかる荒原も瑞穂《みずほ》の波打つ耕地となるらん

右左小丘包みて萩《はぎ》の生《ふ》の茂れるさまの目ざましきかな

枯れし木の丘のあちこち並びつつ山しづかなり風静かなり

汽車の脚《あし》にぶりて線路の両側に工夫の鍬《くわ》を打ちふれる見ゆ

高原の上まで葦《あし》の茂るかとあたりを見れば水溜《たまり》あり

原始林長く続きて山の上に水溜あり葦原もあり

葦原の中にちらちら生《お》ふる木は猫柳《ねこやなぎ》にて他に樹木なし

葦の生《ふ》の果なく続く遠山の麓にかすむ一つ家の棟

色々と花さく野辺のあちこちに牛馬のむれ草はめる見ゆ

日誌歌根室出てより百首よみて糸魚澤《いといざわ》駅つけば風なし

二百二十日厄日のせいにや大空にただよふ雲の景色かはれり

山裾《すそ》に小学生徒うづくまり花むしりつつ遊べる長閑《のどか》さ

際限もなく連なれる葦原の惜しくもあるかな開く人なく

野の小川すぐれば岩山せまりつつまた葦原の広き野を行く

葦原の中を流るる川水のねむるが如くゆるやかなるかな

こんもりと茂れる小丘青々と左手《ゆんで》の野辺にあまた立つ見ゆ

何神を斎《まつ》りしものか丘の上《え》に小さき祠《ほこら》さみしげに立つ

工夫等が小丘の下に腰かけて休らひ居《お》れり野火をつけつつ

葦野川小波《さざなみ》打ちて茂山のかげを浮べり水底ふかくも

雪除《よ》けの冬の用意とあし草を刈りて干しありかなたこなたに

厚岸《あっけし》湾水の面《も》照りて沖合に白帆三つ四つ浮べるが見ゆ

大空の雲のいろいろ水底にうつして清き厚岸湾かな

空の色清くうつせる水の面にはねとぶ魚の珍らしきかも

蛎島《かきしま》や厚岸島の水底にうつりて清《すが》しき厚岸湾かな

神龍より発動機船厚岸の島に朝夕通ふとぞきく

厚岸の桜に名高き国泰寺春さり来れば賑《にぎは》ふといふ
厚岸の駅に来たれば右手《めて》の丘に咲き乱れけりドングイの花
句仏師を出迎ふ僧侶駅に立ちささやきあへり何かしらねど
七分間停車なすてふ厚岸の駅の窓より涼風ふき入る
山と海に包まれ乍《なが》ら相当に人家の多き厚岸の村
何人の船かは知らず黒煙をしづかに吐きて湾に入る見ゆ
牧場の広く開けて乳牛の草はみ遊ぶ厚岸の村
ドングイの密生したる丘の辺にしこけき一つ家残る夕暮れ

蛎島《かきしま》の峰は夕陽《ゆうひ》に映えながら波の上《え》とほくかすみそめたり

工夫等のスコップかたげさざめきて人声高し門静《もんしず》の駅

媼《おうな》二人線路に腰をおろしつつささやき合へり門静の駅

曲線の美をつくしたる丘山の肌を包みて萩の梢《うれ》もゆ

山低う木立は高く野は青く風の涼しき門静の里

東《ひんがし》の空に濃雲たちこめて日はかくれけり夕暮れの空

虎の尾の所せきまで生《お》ふる野に秋の日落ちて女郎花《おみなえし》さく

珍らしく南瓜《かぼちゃ》の畑と稲の田を根室を立ちて此処《ここ》に見しかな

落葉松植林長く青々と空をうつして清き山里

あしの原綾《あや》してエゾ松トド松のあちこち立てるながめよきかな

大蕗《おおふき》やドングイ斗り《ばか》茂り合ふ荒野のはてに見ゆる一つ家

同じもの斗り見なれしわが目には歌種さへもつきにけるかな

エゾ島に渡りし日より四十《よそ》余り八つ日かさねし今日の夕かな

見はるかす広き原野の真中に立てる尾幌《おほろ》の駅のさむしも

尾幌駅すぐれば東の野の中に人家の棟の立ち並ぶ見ゆ

茜《あかね》刺す夕陽《ゆうひ》の光束の雲に映えつつ暮るる平原

野の面《おも》にアカシヤの木の見えそめて室内パッと電灯かがやく

木の株の高く残れる野の面は墓石の並ぶ如《ごと》く見ゆめり

まだ舌もまはらぬ愛《め》ぐしき幼子が車窓にもたれ夕めし食へり

ゆるやかに谷川の水流れつつ黒松林に夕陽落ちたり

トド松の林に秋の暮れの幕ひしひしせまりて汽車の音高し

このあたり熊の棲《す》めりと人のいふトド松深林暗く茂りて

鉄道に沿ひて流るる谷川のせせらぎ清し夕べの木下に

北海の秋更けにけん蕗《ふき》の葉のところどころにきばみそめけり

幾千円つひやすとても惜しからぬ庭園樹に良き木立茂れる

いやさうな音を立てつつ汽車はいま這《は》ひ込みにけり上尾幌《かみおほろ》駅に

炭坑の近くにありとふこの駅は石炭斗《ばか》りに塞《ふさ》がりにけり

夕暮れの闇のふすまをひき開けて火龍の如く走る汽車かな

灰白色雲大空に重みつつ楡林《あかだも》にたそがれいたる

たそがれの闇にしるけく雪の花のはゆるを見つつ軽くつかれし

家一つなき山中の闇の道をわけ行く旅の夕暮れさびしも

ほほ杖をついてうつむく梅《うめ》の家《や》は夕べの旅に何思ふらむ

行けど行けど暗き森林うちつづきトンネルくぐる汽車の苦しさ

窓外に人の立つかと怪しめば硝子《ガラス》にうつるわがかげなりけり

駅近くなりしと梅の家 弓の家《ゆみや》は手荷物しらべりねぼけ顔して

ほんのりと闇にうかべる茂山の近く迫りて汽車キイキイと泣く

闇の幕全くおりて汽車の窓ガラスは鏡と変りけるかな

大いなるかがみ並べて自惚《うぬぼ》れの顔うつせどもわが面黒し

大空の雲うすらぎて輪郭の正しき茂山目にしるきかな

吉原氏トランク机に代用しわき目もふらず旅日記書く

山裾《すそ》に闇を縫ひつつ一つ灯の光るは人の家居なるらむ

窓外に電灯見えしと思ふ間もあらずわが汽車上別保《かみべっぽ》に入る
上別保駅のあたりの山裾の人家のあかりつづくさやけさ
歌よまむ術《すべ》もなきかな窓外は闇の扉のふかくおりゐて
大空に星かげ一つまたたきてアレといふ間にかくれけるかな
野の果にきらめくあまたの電灯は釧路《くしろ》の町の光なるらむ
野の面にうす明《あかり》して前《さき》つ方に電灯輝き釧路ま近し
釧路川岸の電灯水底に銀柱の如《ごと》映ゆる宵かな
長く長く電灯つらなり火の海の如くに見ゆる釧路の宵かな
駅前の虎屋旅館に午後七時一行無事に着きにけるかな

釧路《くしろ》駅に下車すれば先発の宣伝使出迎え待てり。釧路新聞記者 波多野英一郎氏、刺を通じ撮影を請う。駅前の虎屋旅館の入り口にて小照を撮らせ三階の見晴らしよき一間に入りて休憩す。吉原、岩田両宣伝使は講演のため公会堂に出張し、午後十時半凱歌《がいか》を揚げ喜々として帰り来る。

夜をこめて降りしく雨に冬越しの椎《しい》の枯葉の庭の面《も》に落つ
小夜《さよ》更けて風吹き来り雨の音寂しく打てりわが寝室《ねや》の窓
笑ふかと或《あるい》は感じ泣けるかと或は思ひて虫の音を聞く
釧路市の駅にはあれど夜されば流石《さすが》に淋《さび》し北海の秋
釧路国首府と称《とな》ふる市に在《あ》りて夜の静けさに物思ふかな

四方里の草たけ牛馬秋に入る（牧場）　香鹿
一犬の百羊を守る花野哉《かな》（同）　鳴球

◇九月十一日　根室新聞記事

問題の人 出口王仁師講演
今夜キネマ館で大いに
既成宗教をコキおろさん

問題の人出口王仁三郎氏は今なお大本聖師として全国に数百万の崇拝者を擁し、一時崩れかかった陣容を着々樹《た》て直しつつあることは世間周知の事柄であるが、この出口氏が一昨夜本部の宣伝使一行と来根。ただちに当町の支部に入ったが、いよいよ今夜七時よりキネマ館において大本講演会を開催することとなった。聞くところによれば氏の説くところ既成宗教を完膚なきまでにコキおろし、いわゆる「大本」の神人合一論を高調するものだという。けだしこの論調が出口氏らしくて良い。この問題の人がこよい北海の辺陬《へんしゅ》（片田舎の意）に大獅子吼《ししく》を試みるのであるが、主催者たる支部では町民多数の来聴を希望している。

九月十二日　於　山部《やまべ》支部

早朝より沛然《はいぜん》として氷雨《ひさめ》降り来たり、トタン張りの屋根を打つ音かしまし。昨日の汽車旅行はことのほか疲労を覚え珍しくも十時半より就寝し、今朝六時ようやく目覚めたれどいまだ軽き疲れ身体の一部にありて心重く筆執る気にもなれず、朝湯を九時ごろに浴《あ》みて朝食を済ませ、文机《ふづくえ》に向かわんとする折しも、昨夕わが小照を撮りて帰りたる釧路新聞社の波多野はじめ、代書人西条博人、井田周、進藤毅、森岡より、上岡よしえの諸氏来訪ありければ、人類愛善の主義や大本教義など簡単に談じたり。中にも西条博人氏は愛善主義に大いに賛成の結果、釧路に支部を設立することとなれり。

昨夜来雨降る音に眼をさまし起き出《い》で見れば六時なりけり
トタン屋根高く鳴りつつ一しきり大粒の雨降り出しにけり
雄阿寒《おあかん》や雌阿寒《めあかん》岳の高峰の雄姿見えなく四方《よも》は曇れり

○　釧路《くしろ》市の概況

釧路市の位置は東経一四四度二三分一二秒、北緯四二度五〇分三六秒にして、東北海道海岸における唯一の要港を控え、海陸交通の枢軸に当たっている。市街は釧路河口にまたがり、高台と低地との二部に大別し、高台は市街の南部を占め、米町《よねまち》、浦見《うらみ》町、浦離舞の全部、春採の一部および幣舞町《ぬさまいちょう》の大部分これに属し、その西端（米町）は斗出《としゅつ》（突き出るの意）して知人岬《しれと》をなす。低地は釧路川の両岸に跨《また》がり、西方に延びて海浜に達し、一は北方 別途前《べとまい》の砂浜に連なり、一は南方 鬼呼の海岸に達している。しこうして川の北岸に西幣舞、頓化の二字《あざ》、南岸に真砂町、洲崎町、入舟町《いりふねちょう》、幣舞町の一部、茂尻矢《もしりや》、苧足原および知人《しれと》などあり。釧路川に架する延長百二十間（約二二〇メートル）の幣舞橋はその上流および下流の渡船場とともに、南北両市街を連ねるのである。

大字桂恋村《かつらこい》は市の東部を占める海岸の一小村落で（住民の生業はおおむね農業と漁労）、その他小字には春採フレモサ河、寒太、大楽毛《おおたのしけ》などがある。なお市街には山のようなものはなく、北西の二方はるかに西別《にしべつ》藻琴《もこと》、阿寒の峻嶺《しゅんれい》を望み、市街の中央を貫流する釧路川は北海道五大川の一をもって称せられ、源を遠く川上郡屈斜路湖《くっしゃろ》に発し、幌呂《ほろろ》、雪裡《せつり》などの諸川を合わせて港内に注ぎ、舟筏《いかだ》の便が極めて多い。

町制施行以前、釧路市は土語でクスリ「越ゆる道の義」と称し、寛永十二年（一六三五年）松前藩が釧路川上流「クツヤロ」の現地人を当地に移し、漁場を開き「久寿里場所」と称したるのが、そもそもの初めである。当時、久寿里場所は、西はオタノシケップ川より、東は昆布森林のアチョロベツに至り、今の釧路市街の地は以来、常に運上屋（注）の所在地であった。

【編者注】運上屋…江戸期、蝦夷《えぞ》の地で栽培できるコメの品種はなかった。蝦夷の地を治めていた松前藩は、家臣に、決められた区域内でのアイヌ人との交易を認め、そこでの収益を、米の代わりに給与とする制度をとった。家臣はそれぞれ知行主となったが、交易自体は商人に任せ、運上金を納めさせるようになる。その商人たちが区域（「場所」とよばれた）ごとに経営のために作ったのが運上屋である。

天明十一年（注）松前藩の直轄に属するや、交通の便を図って通行屋（駅逓《てい》）をおいたのであるが、当時の漁場請負人《うけおいにん》（区域を任せられた商人）は常に佐野孫右衛門であった。享和二年（一八〇二年）函館奉行轄下となるや、海老名《えびな》孫兵衛にこれが請負《うけおい》を命じたが、文化二年（一八〇八年）になつて再び佐野孫右衛門を起用し、文政四年（一八二一年）再び松前藩の所轄に帰った。安政四年（一八五七年）前記請負人孫右衛門は南部地方より移民を募ったが、これ実に地方永住者の初めであった。その後明治三年（一八七〇年）に至り、孫右衛門は再び奥州より二百三十五戸の民を移し、自費を投じて漁具家屋を給して漁業に従事せしめるなど、発展の種子を下ろしたのである。

【編者注】天明十一年…天明年間は、一七八一〜一七八九年の長くて九年までしかない。何かの間違いであろう。

明治五年（一八七二年）本道を六大支庁に分轄せらるるや当地は根室支庁の管下に属し、同十四年（一八八一年）戸長役場を設けらるるに及んで、小学校および病院などが設置せらるるようになった。十七年（一八八四年）札幌函館間の電信開通と同時に、釧路電信局の開設を見、二十三年（一八九〇年）早くも特別輸出港となった。なお十八年（一八八五年）に設けられた郡役所は三十年（一八九七年）廃止せられ、釧路《くしろ》支庁の治下にあること三年であった。

幾多の変遷を経て三十三年（一九〇〇年）北海道一般町村制を実施せらるるに及びて自治体は初めて現出したのであった。

次に町制が施行せらるると鉄道の開通、釧路港修築工事着手などによって人口激増し、都市としての発達著しく、大正九年（一九二〇年）七月一日北海道区制を施行せらるるに至ったのである。その後二年にして早くも大正十一年（一九二二年）八月一日市制実施せられ、最高自治体となったのである。

明治三年（一八七〇年）佐野孫右衛門が奥羽地方から漁民を移した当時は炊煙渺《びょう》たる一寒村にすぎなかったが、二十三年（一八九〇年）特別輸出港となった時は、各村落を合わせて九百の戸数を数えるに至り、以来年を逐《お》うて増加の勢いあり、今は早八、二七二戸（注・令和元年八月末現在の釧路市・世帯数　九四、五八一戸／人口　一六

八、五七二八）を超えることとなった。

○

一時前虎屋旅館を立ち出《い》でて雨降る釧路の駅に進めり

新しき愛善会員プラットにわが旅立ちを送りけるかな

多田中谷両宣伝使一行に暇《いとま》を告げて根室に帰る

釧路駅出づれば窓より冷え冷えと雨風につれふり込みにけり

早速に窓の戸しめて雨煙る釧路平野をひた走りゆく

釧路川海に注げるさま見えて鉄橋わたれば雨またしげし

新富士の駅に海原近みつつ烏《からす》の声の重く濁れる
軽装にきかへて気分軽々といたける海の波見つつ行く
唐黍《とうきび》の畑ちらちらと眼に入りて芝生《しばふ》の広野渡る今日かな
雌阿寒《めあかん》の峰は雲間にぼかされて一入《ひとしお》今日は遠く見ゆめり
雄阿寒《おあかん》の峰の頂雲とぢてとほくかすめる釧路平原
牧草の野原長々打ち続き耕地の見えぬ雨の旅かな
野の小路を荷馬車そろそろ行く見えて大楽毛《おおたのしけ》の駅月見草咲く
芒《すすき》の穂ふるへる中に月見草さもしとやかに咲き乱れつつ
大楽毛駅をすぎれば大楽毛の川に板橋高く架かれり

磯端に白浪《しらなみ》高くたちさわぎ強風俄《にわか》に窓を打ちけり

老木の茂れる丘の長々とつづける右手《めて》の美《うるわ》しきかも

雨けぶる浪のおもてに帆前船さみしく浮けり風にもまれつ

野の面《おも》を黄金色に染めなして所せきまで女郎花《おみなえし》咲く

菱生《ひしお》ふる沼長々とつらなりて雨を冒して烏《からす》むれとぶ

この辺《あた》り地味やせたるか雑草もあまり伸びなく荒れ果てにけり

萩あまたあれども地味のやせし為《ため》地に食ひつきて丈ひくきかな

黒馬の放牧見えてあちこちと耕地開けし庶路《しょろ》の駅かな

唐松の製紙材料山積みし仲仕《なかし》の唄のおもしろき庶路

唐黍《とうきび》やキャベツ人参葱《ねぎ》の畑あちらこちらに開かれてあり
猫柳茂み見えつつ水にごる庶路《しょろ》の川渡れば野に花乱る
風強く吹き初めにけん窓の外に汽車のけむりの低く野を這《は》ふ
山迫り海近みつつ海鳥のつばさせはしく中空に舞ふ
山の如《ごと》浪打ちぎはにささやかに家の並びて風冷えわたる
ドングイの葉は悉《ことごと》く黄ばみつつ海辺の山に秋は更け行く
白糠《しらぬか》の駅のかたはら藺《い》の生《お》ひし鏡の如き池の照るあり
トド松の茂れる林立ち並び仲仕の声の冴《さ》えし白糠
凸坊の裸体となりて八九人雨降る駅に遊ぶ余念なさ

一つ家《や》の軒に白赤珍しく葵《あおい》の花の未《いま》だ咲く見ゆ
茶路《ちゃろ》川をわたればトタンの屋根白く広き人の家軒並べけり
かりとりし燕麦《えんばく》の畑長々と続きて清き野川流れつ
里人が荷馬車に乗りて悠々《ゆうゆう》と雨の板橋渡り行く見ゆ
原始林縫ふてはせ行くわが汽車の泣き出しにけり動揺はげしく
汽車はいま丘にかかりてゴトゴトと太鼓うちつつ脚もとおそし
唐松の植林左右の丘の辺に開けたる見つトンネルに入る
白きシャツきたる工夫が只《ただ》二人鍬杖《くわづえ》つきてわが汽車見送る
野の面《おも》の赤く見ゆまで放牧の馬のあそべる葦《あし》草の野辺

海遠み山近みつつ村烏声《むらがらす》さえ渡る波若信号場《なみかわ》

桃色の菊の鉢植五六鉢並べられあり波若信号場

曲線美妙《たえ》なる丘に原始林白々生《お》ふる姿清しも

荒浪《あらなみ》の立つ海原にかるがると鴎《かもめ》の白く浮べる雄々しさ

丘の上までもあし原茂りたる中に埋もれて正一位宮あり

野の奥に茂山見えて白々とトタンの屋根のはゆる見えつつ

幹長き木材建築材料の広げられたる音別駅《おんべつ》かな

音別川橋下に白き赤き馬群がりてあり水を飲みつつ

石炭の山の如《ごと》くにつまれたる直別駅《ちょくべつ》に工夫むれたり

赤まはし締めた裸の工夫等《ら》が黒き肌をば雨にさらせり

山の上《え》の一つ家《や》の庭に白家鶏《かけ》のあそべる見つつトンネルに入る

トンネルを出《い》づればソロソロ萩の丘路《みち》の左右に立ち栄えつつ

又《また》しても直別駅に入りにけり正一位さんだましよつたか

提灯花野草に高くぬき出でて白々照らせり雨の原野を（注・提灯花…ホタルブクロ）

階段の連なる丘に原始樹の長く続ける景色よきかな

沖合は時化《しけ》たるらしも汀《みぎわ》打つ浪のうねりも高くあるかな

風冷えて大空くもり厚内《あつない》の駅に初めて重ね着をする

原始樹の茂りて姿正し山のふもとに堂見ゆ厚内の駅

牧場の広く開けて馬あまた遊べる雨の厚内駅かな

キャベツ牛蒡胡瓜《ごぼうきゅうり》の畠《はたけ》開けつつ女一人笠《かさ》きて立てり

向つ山谷間に霧の立ちのぼり雨やうやくに晴れわたりけり

一本の榎《えのき》の大木を見たりけりエゾの島には珍らしとおもふ

水澄める谷間の池に水すまし前後左右に舞ひくるふ見ゆ

森林の中を流るる谷川の水底《みな》浅くすみわたるあり

白兎《うさぎ》巣にありながら雨けぶる上厚内《かみあつない》の駅に入りけり

四方《よも》の山雨にけぶりて風もなく小雨ふりしく上厚内かな

大木の高く立ちつつ山迫り雨に小暗き小さき駅かな

ふる雨の露の重さにうつむきてもの思ひ気なり丘の上の萩

うつむきてノートの上に目をおとす明眸皓歯《めいぼうこうし》の汽車の旅かな（注）

明眸女白きハンカチ顔にあてて眠れるそばに皓歯ペン執る

豆の畑青く開けしその上を千羽烏《からす》の群がる野辺かな

水浅く流れの清き川中にヤマメとる人笠きて立てり

野の面は少しく広くつらなれる浦幌《うらほろ》駅に雨はやみけり

野の面に広く青みて砂糖大根際限もなく蒔《ま》かれてありけり

右左野面悉々《ことごと》芦原の茂れる中に麦畑交《まじ》れり

【編者注】明眸皓歯…澄みきった美しい瞳と白くきれいな歯。美人のたとえ。

眼のとどく限りは萩生《はぎう》の丘にして樹木さへなき広き野辺《のべ》かな

下頃部《しもころべ》駅とは云へど鳴球氏ベンチの上に安くころべり

風死して雨止みながら大空に重たき雲の低く塞《ふさ》がる

白き牛丘の芝生《しばふ》にゆつたりと乳房たらしつ草むしり居《お》り

河骨《こうほね》のすき間もあらず野の川に茂り合ひつつ一二輪咲けり

明眸《めいぼう》の真似して皓歯《こうし》がハンカチーフ顔にあてつつ眠りかけたり

唐松の植林青く豆畑に続きて萩生の丘となりけり

防雪林標柱白く立ち乍《なが》ら樹木一本なきぞをかしき

菱生《ひしお》ふる静けき沼の照る見えて汽車の這《は》ひ込む豊頃《とよころ》の駅

十勝川流れ静かに水の面《も》に小鳥浮びて風さへもなし

萩の花まだ開かねど葉の色は赤らみ初めて秋立つ野辺かな

萩充《み》つる丘のかたへに蜂《はち》の家あまた見えつつ十弗《とうふつ》に入る

十弗の駅に工夫のガラガラと砂利かきならす音のせはしき

萩生ふる丘を開きて里人の作りし南瓜《かぼちゃ》転がれる見ゆ

瓜《うり》むきて一つ食らへば腹冷えて寒くなりたり眠たくなりたり

直ぐに今池田につくのに白河の舟こぐ鳴球明眸皓歯よ

小西郷歌見て笑へば鳴球氏つまらぬ顔して起き上がりけり

十勝川へだてて原野ひろびろときはまりもなく横たはりけり

朱の如《ごと》き水の流るる川こえて間もなく池田の町は目に入る
九十六首歌をしよめば上り汽車そろそろ池田の駅に入りけり
親子弁当お寿司アイスクリーム売子の呼び声耳に立つかな
鳴球氏如月氏二人歌日記声おぼろげに読み合はせせり
すれ違ふ汽車の窓よりじろじろと指さし乍《なが》ら吾《われ》を見る客
何宗の寺院かしらず唐松の間に高く三棟立てり
製紙会社黒煙はきて唐松の山の如《ごと》くにつめる豊けさ
池田川渡れば甘き大根の畠あをあをひろがりにけり

豆の萌《も》えくろぐろとして肥つきし畑ならびつつ利別《としべつ》に入る

稲の田の広く茂れる野辺見ればこの行く先の栄えしのばる

雨晴れの夕の丘の青々とよみがへりたる姿よろしも

稲の田に人の立つかとよく見れば上手《じょうず》な案山子《かかし》の守れるなりけり

ひろびろと流れもふかくうす濁る源とほき十勝本流

ゴム足袋《たび》の看板かけし家の軒にダリヤの花の赤々とさく

止若《やむわっか》の駅に来たれば病める子をかつぎ込みたり医師付き添ひて

降る雨の中もいとはず木工の手斧《ちょうな》打ちふる止若の駅

若き子の病めるがのれるこの駅は名のヤムワカの具《ふさ》はしきかな

山間をぬひつつ野中ながれゆく川のつつみに人家三つたつ

親子めし思ひの外《ほか》にうまければ半分西郷に食はせけるかな

茫々《ぼうぼう》と茂る草野に包まれて駅庭広き札内《さつない》の駅

電灯のかがやきそめて夕暮れの幕はおりたり札内の駅

遠山の尾の上《え》ほのかに見え乍《なが》らくもりし空の夕明りかな

黄昏《たそがれ》の幕おろされてガラス戸は臨時鏡となりにけるかな

わが顔を窓にうつしてながむればいたくやけたり長途の旅にて

十勝川支流渡れば前方に帯広市街の電灯輝く

帯広に来たりて見れば道幅も構内プラットいよいよ広し

山部《やまべ》より堤氏漕野《こぎの》氏今野《こんの》氏も三宣伝使出迎へてあり

新しき愛善会員塩入氏共にプラットホームに迎へり

窓の外見れどもあちこち電灯の光輝く許《ばか》りなりけり

夕あかりかそかに残る空のもと伏古《ふしこ》の駅の灯かげ輝く

夕あかり天と地とをほのかにも画するあたり灯の一つ見ゆ

闇にうく木立すかしつゆく窓に野を吹く風の涼し芽室《めむろ》路

常暗《とこやみ》の野路を安けく渡り行く旅路も神の御影《みかげ》駅かな

闇なかにまたたく灯《ほ》かげ見つつゆけば清水の駅はややに広けし

新得《しんとく》の暗夜の駅に弁当を買ひて各々《おのおの》パクツキ初めけり

駅頭に洋灯《ランプ》用ゆる新内《にいない》の駅小《ささ》やけく寂《さび》しみの湧く

狩勝《かりかち》の国境一千七百尺の高地汽車行く珍らしさかな（注・一千七百尺）

風景は日本一と聞きつれど観望詮なし夜半《よわ》の旅路は

狩勝の国境トンネル十二三分潜《くぐ》りて下り汽車の迅《はや》きも

暗がりの信号所の駅ほの白くランプまたたき風窓を打つ

落合の小さき駅を通過して石狩空知《そらち》の郡に出《い》でたり

【編者注】一千七百尺…約五一五メートル／狩勝峠の現標高六四四メートル。

落合の駅まで榎本要之助、吉岡春治、堤文助の諸氏山部《やまべ》よりはるばる出迎へあり、好意感謝す。駅頭にさぬきやきそばの看板あり、そばを売れるぞ面白し。

窓を吹く風寒くして重着《かさねぎ》をする間もあらず幾寅《いくとら》に入る

闇の幕ますます厚く火影《ほかげ》さへいとも淋《さび》しき鹿越《しかごし》駅かな

金山《かなやま》の駅より見れば富士製紙会社の電灯広くかがやく

下金山《しもかなやま》駅にて見れば寒暖計六十八度を示して涼しき（注・〔華氏〕六十八度…摂氏二十度）

夜の十時四十分に山部駅降りれば宣信あまた出迎ふ

山部支部堤氏館に立ち入りて長途の疲れ湯に流しけり

ただ一夜の仮宿 釧路駅前の虎屋旅館を立ちいで、午後零時五十八分の汽車にのるべく駅に向かえば、新しき愛善会支部長その他の宣信わが発車を見送られ、多田、中谷の両宣伝使はここよりいとまを告げて根室に引き返せり。根室支部長の野田宣伝使をはじめとし、野田与三郎、高橋辰雄、安部時平、佐久間金三郎、斎田与四郎の諸宣伝使諸氏わが一行を山部《やまべ》まで見送らんと同車さる。

ノロノロガタガタボロボロ汽車に揺られながら、万年ペンを持って歌日記を誌《しる》しゆけば肩しきりに凝りて苦しく疲労することはなはだし。一二○余首の窓外見聞歌を記す折しも、四時間を経てようやくに帯広の駅に着けば、山部支部より堤嘉吉、漕野政吉の両宣伝使はるばる出迎へあり。駅まで見送れるは塩入麟治郎、木村一郎氏をはじめ、今野支部長の面々なりき。

たそがれの幕おもむろにおり初めて窓外ほの暗くせっかくの山野の風光を心ゆくまで観望するすべもなく、山部の駅に十時四十分下車するまで、数時間の夜の旅行をなしたるぞ苦しかりける。駅に降りれば芦別山《あしわけやま》(通称・芦別岳《あしべつだけ》)ここより五里(一九・六キロメートル)海抜六、三三六尺(一、九二〇メートル/現標高一、七二六メートル)の案内白々と立ちて暗に目を引く。一行迎えの信者数十人各自手旗を闇にひらめかせ、提灯《ちょうちん》などあまた点じてにぎにぎしく、一丁ばかりの広き街路をたどってめでたく山部支部長堤嘉吉氏の広大なる邸宅に安着せり。

湯浴《あ》みも済みて休らいおれば各地より送り来しあまたの書簡われを待ちいたる中に最もわが神経に障りたるものは某《なにがし》より送りたる脅迫的公開状にてありき。ただちにこれが対答をなすべく準備のため明朝、某氏へ信書を送り精細に査《しら》べてもらうこととなし、一行いずれも疲れのため就寝せり。なぜかわが目さえ切り、午前四時過ぎまで眠られぬまま東北日記の一の巻を読み耽《ふけ》りつつ夜を明かしたり。

○

山部《やまべ》支部に山積せし各地方宣信徒諸氏の書簡の内より面白きものや、歌句などをここに抜粋して見ん。まず第一に大宣伝使湯川貫一氏の来信にいわく

（前文省略）今年旧七月十五日は美しき満月に御座《ござ》候処《そうろうところ》、それより数日を経るも月光少しも欠けず、十八日にもほとんど満月同様にて誠に円満に大なる御影《みかげ》を拝し候事《そうろうこと》にて、月光いよいよ世にいでて真如《しんにょ》の光普《あまね》く

御世《みよ》に充《み》ち足らいたるを有り難く尊く感じ申候《もうしそうろう》。十九日に至りにわかに常態に復し、二十日の残月のごときは例のごとく大いに欠けたるお姿にて有之候《これありそうろう》。（下略）

山川も貴美《きみ》をこそ待て限りなき遠き旅より早も帰らせ　貫一

返歌

皇神《すめかみ》の造り給ひし山川を伊渡り行けば幸多きかな　閑楽

○湯川氏より鳴球氏に送りたる歌

栗の実も色づき初めぬ丹波野や以久多《いくた》の茸《たけ》も君をこそまて　貫一

○仁科《にしな》すね子より

謹んで暴言御免、暑うおますッ聖師様　もちろんお元気でしょうね、聖師様。

夏の旅思ふは妻の安否なり

にはちょっと参りました、お安くありませんね。ウーンとご馳走して下さい。このごろは暑くて下の喇叭《らっぱ》も思うように鳴りませぬ。

（あつき烟《けむ》り吐きつくしけり屁《へ》放虫《ひり》　閑　楽）

早くお帰りになって味のよい艶のあるお奈良一発聞かしてお呉《く》れやす。

（三発の煙火に蝦夷《えぞ》人吾《われ》迎へ　閑　楽）

（東北に臭い奈良漬けなかりけり　同　）

私もどうやらこうやらマアマア無事お達者お丈夫お元気に働かせていただいております。

すね子式川柳《せんりゅう》　二代様に代わりて

一日も離れちゃいやよねえお主

今日か明日か主人のお文を待ち暮らす

これからはちょっと私の出たらめを書きまする。

恋人と夜の散歩の情景を想《おも》いて

月が出てそつと両手をはなしけり

月かくれ二つのからだ一つになり

お互いに口に出さねど手を握り

この道は暑さ寒さもなんのその
尻門の欠伸《あくび》かた手で殺しけり
（下らない屁古《へこ》たれ歌に眉ひそめ　閑　楽）
（恋人のありそな駄句や愛想月　同　）

○

東西南や北のはてまでも救主《きみ》の恵みに洩《も》るる者なし　木宮貞一
まめ人と共に天地の御恵みに洩《も》れず東北旅をなすかな　閑　楽
師の救主に捧《ささ》げまつらん暑き日に高天原の守備の健《けな》げさ　飯村隆光
炎熱の空もいとはず日の守り夜の守りする人ぞ神なる　閑　楽
北海や樺太島のはてまでも愛の恵みを垂るる母神　富山謹司

主の神の恵みに北の国の果幸《はて》ある旅を為《な》せし吾《われ》かな　閑　楽

垂乳根《たらちね》の母にまさりて愛深き救主のみ文に嬉《うれ》しなきしぬ　千葉清成

昼夜のわかちも知らに大神に仕ふる人の尊かりける　閑　楽

いとひろき大海原もかぎりありはてしも知らぬ神の恩愛　山内　静

始めなく終りもしらぬ主の神の恵みをあびて永久《とわ》に生きませ　閑　楽

旅の空疲れし御身もいとひなく愛のおとづれいとど畏《かしこ》し　藤岡新治郎

遠の旅安く楽しく出《い》で立つもまごころのきみあればなりけり　閑　楽

北空の星の光のいやますも貴美《きみ》の慈愛にかがやきにけん　中条賀都美

星かげの殊更《ことさら》清き北国の空を仰げば聖地の恋しも　閑　楽

ことなげに御玉章《みたまずさ》賜る嬉《うれ》しさに昨日も今日も涙しにけり　吉田春耕

雁《かり》がねの声はみもとに届きしと聞きし夕べの星かげ清しも　閑　楽

暑いので暑くありますねえお主人《まえ》ほんに此方《こなた》はとてもたまらぬ　仁科すね子

聖師様しものラッパはどうですか相もかはらず元気よろしか　同

すねるなら勝手仁科《にしな》と打ちやれば臭いお尻でラッパ吹いてる　閑　楽

秋の色に空はすめども地にあつさ残れる貴美の旅安くませ　飯田神孫

蜩《ひぐらし》の声細りつつ秋更《ふ》けて残るは地土《つち》の暑さなりけり　閑　楽

○

東京市駒込局を通じて天恩郷主事御田村龍吉大宣伝使より左記の電報あり、直ちに岩田総務より同氏に向け返電を送る。

セイカイヲウ、オメドウリネガヒ、オデシニナリテカエリタシトノコト、

イツドコエウカガヒテヨキヤ、　　ミタムラ

次に横浜 正木観月氏より

ゴケンコウイノリタテマツルマサキカンゲツ

との電信ありけり。

○

芦別《あしわけ》の山の奇勝も小夜《さよ》更けて仰ぐ術《すべ》なき山部《やまべ》の駅かな

狩勝《かりかち》の景色は日本第一と名を聞くのみよ窓外暗けし

汽車の上万年筆を走らせて軽き疲れを覚えし旅かな

綾部なる高天原を立ち出《い》でて今日石狩の旅に立つかな

乗客の常に少なき根室線の夜の旅こそ淋《さび》しかりけり

宣伝歌声高々と唄ひつつ根室本線小夜更け渡る

雌阿寒《めあかん》の山の景色の妙《たえ》なるを聞く許《ばか》りなる夜の旅かな

北海の端々までも伊回りて山部《やまべ》に向ふ今日ぞ楽しき

山煙る今日の北海道の旅窓吹く風の冷やかにして

行くところ可ならざるなし主の神の守りもあつき宣伝の旅

六十《むそ》余り四日の旅を重ねけり聖地を立ちし日より数へて

北海道中心地点の山部駅進むも神の経綸《しぐみ》なりけり

小夜《さよ》更けて山部の駅に下車すれば吹き来る風も静かなりけり

蝦夷ケ島《えぞがしま》宣信爰《ここ》に神集ひ吾《われ》を迎へし駅の賑《にぎ》はし

夜の眼には確《しか》と見えねど此《この》里は家の穂高く栄えたるらし

大空はいたく曇りて風もなく真直《ますぐ》なる雨降る夕べかな

待ち兼ねし東北日記ながむれば越国《こしくに》の旅わが眼《め》に新らし

各地にて撮りし小照一々にながむる灯下更けにけるかも

漸《ようや》くに重荷おろせし心地して静かに更け行く山部の宿かな

小西郷旅に疲れて先登一《せんといち》天国山にかけ上りけり

此所《ここ》よりは内地に向ひ帰り路に就くと思へば心も長閑《のど》けし

〇

厚顔な奴は睾丸《こうがん》ねらふなり

拳《こぶし》にてふくや土工の顔の汗

湖の底を究めて見たい欲

鳥の声原始の森にある世界

蠅《はえ》を奪《と》る隠居の巧みな手つきかな

華やかな灯へうつかりと虫のキス

咲ききそふ花へ風あり嵐あり

○

曽観の岳々秋の暗《やみ》にある（夜の狩勝《かりかち》峠）　香　鹿　（注・曽観の）

狩勝の眺望もなし秋の闇（夜汽車）　鳴　球

【編者注】曽観の…「かつて（曽）見たことのある」の意か。

◇九月十二日　釧路《くしろ》新聞

大本教講演会

昨夜公会堂における大本教の講演会は聴衆百数十名であった。

◇同日　同新聞記事

大本教騒動の張本
王仁三郎氏来釧
今晩公会堂で講演

今晩七時半より市公会堂において出口王仁三郎一行の大本講演会が催される。主催は大本瑞祥会根室支部だが、入場料は一切無料で一般多数の来聴を希望すると。

九月十三日　於　山部支部

朝になって雨ますます激しく風冷えて四辺小暗《おぐら》し。前後六十四日の旅の枕を重ねて、今日、北海道の中心地点山部《やまべ》の里に打ちくつろぐには格好の雨にして、尻の落ち着きもっとも良し。家鶏《かけ》の暁を告げる声、烏《からす》の共鳴《むた》き、小雀《こすずめ》の囀《さえず》りも何となくのどかなり。庭の面に立ちいでみれば、昨夜見し情景とはひとしお変わりて清く、珍しくも内地松の二株三株幹太く枝振り勢い良く、葉の色生き生きとして天霊両聖地（注）の神苑の松をしのばしむるもゆかし。

内地産の梅樹、桜樹の梢《こずえ》も蒼々《あおあお》として新更の色を見せ、泉水は小なれども清涼の水をたたえて秋の迫りし気配なきまでに全ての植物若々として茂れる、神の稜威《みいず》の広大無辺なるを思わしむ。赤黄色の菊は一、二輪早くも綻《ほころ》び初めて、室内まで芳香を送り、待ちわびし喜雨静かに降りしきて物静かなり。東京帝国大学所有の原始林は東方の空に近く低く長く数里に連なり、芦別《あしわけ》の高嶺《たかね》は東北の空高く雲を被《かぶ》りて石狩平原を睥睨《へいげい》し、無限の神秘を包むに似たり。

【編者注】天霊両聖地…神界の天国、霊国に相応するところから梅松苑、天恩郷の両聖地を、聖師さまはこのように表現された。

今日はしも支部月次祭の当日なれば、これを境として分所に昇格することとなり、神前に奏上祭を兼ねて月次祭を挙行し、玉串をそれぞれ代表者より奉献し終わるや山部《やまべ》村長山口喜作氏の来訪あり、談 数刻にして袂別《べいべつ》す。

本日の昇格奉告祭に参列せる宣伝使の名を挙げれば、

山部分所の堤嘉吉、同かつ子、同文助、平山善太、漕野《こぎの》政吉、岩井繁夫の諸氏。士別《しべつ》支部の佐藤勝治、佐々木与惣吉、黒沢清蔵。北光分所の斎藤長治。旭川《あさひかわ》支部の富樫格。瀬戸牛《せとうし》支部の安部時平。下川《しもかわ》支部の佐久間大三郎。天塩《てしお》支部の斎田与四郎。根室《ねむろ》支部の野田靖孝、同広孝、高橋辰雄。風連《ふうれん》支部の増川康。狩太《かりぶと》支部の吉原永太郎。倶知安《くっちゃん》支部の阪東あさ子の諸氏のほか多数の信徒大前に集まりて、今日のめでたき日を祝《ほ》ぎまつる。祝詞の声ことさら清く澄み渡りて大神の降臨、まのあたり拝し奉るの感ありき。

家鶏《かけ》烏《からす》雀《すずめ》の声も冴《さ》えながらあしたの庭に秋雨しげしも

山部支部を分所に昇格奉告の祭 御前に宣信と行ふ

各地より宣使信徒《まめひと》 神集《かんつど》ひ目出度き今日の御祭仕へし

山部《やまべ》村は上川支庁管轄に属し空知郡の一邑《ゆう》（注・邑…村の意）である。東南には芦別《あしわけ》山脈の分水嶺《れい》をもって空知郡南富良野村に境し、北富良野村に隣接している。空知川は本村中央部を緩流し、ニシタツ、ブヤマエの諸川これに注ぎ、地味は中位にして農耕に適し、南北に展《ひら》け三里一八町（約一三・七キロメートル）、東西九里（約三五・三キロメートル）、広袤《こうぼう》十六方里（約二四六・八平方キロメートル）余りにして、北海道帝国大学および東京帝国大学ならびに御料地などの官有地が大部分を占めている。

沿革を調ぶれば本村の区域は元空知郡志内村の管轄なりしが、明治三十二年の六月二十五日新たに富良野村創立とともに、上富良野に戸長役場を設置せられてよりその管轄に移り、三十六年七月八日富良野村を分割して下富良野村創立と同時に下富良野戸長役場の管轄下に属することとなりしが、大正四年四月一日同村より分離して、山部市街地に戸長役場を設置せられ、越えて大正八年四月一日北海道二級町村制実施せられてより今日に至るものである。

夕刻に至るも久々の雨は止《や》まずしてトタンの屋根を打つ音高し。岩田、吉原両宣使は夜の講演会へ出席のため帝国大学の集会場へとあまたの宣伝使を伴い行きしあとに、雨の音を伴侶としながら昨日紙面の都合にて書き得ざりし釧路の阿寒岳《あかん》に関する記事を認《したた》めんと思う。もちろん初めての旅行なれば、あちこちと参考になるべきものを集めて、これを取り纏《まと》め今回の旅行記念とはなしぬ。

釧路は東部北海道における首都である。一度この地に足跡を印したものは、巍峩《ぎが》（注・山の高いさま）として雲表にそびゆる阿寒の霊峰を簷仰《えんぎょう》（注）せぬ訳にはゆかぬ。そしてその秀麗なる霊気に打たれない者はない。真に雄阿寒《おあかん》と雌阿寒《めあかん》の霊容は東部北海道に住める人々の憧憬《しょうけい》の的となり、崇慕の焦点となっている。かかる霊峰を背景にして透き通った阿寒湖は、風景美《うるわ》しく清澄なる摩周湖は光彩を放ち、幽邃《ゆうすい》（注・奥深いさま）なる屈斜路湖は清浄な気分を深からしむる。さらにこれあるがために温泉の情趣に一段の風致を添え、環境の原始的なる樹林はますます静寂の感を抱かしめるという。

【編者注】簷仰…簷は竹製の軒の意。軒先より仰ぎ見る意か。

近時阿寒一帯の勝地を卜《ぼく》して国立公園の計画あり、その予定地となったのはむしろ当然のことである。かくのごとく地理的に将《は》たまた博物学の上に研究資料の豊富なりし阿寒が、真面目な研究資料も今までに登山者の指針もなかったために、神秘境として永年間埋もれていたのであった。

例えば人間の偉大さはその体躯の長大を意味するにあらずしてその蘊蓄《うんちく》するところの識見抱負実行力が卓越し、手腕が伴うことによって初めて偉大なる人の名に恥ずかしからぬものなると同様である。山岳についていうもこれと同様で、その意義はただ単に高いということが能でもなければ付け目でもない。俗塵を離脱して大自然の生きたる教訓を包蔵し、人をして覚えず崇高の念に打たれしむるものがあってこそ、初めてその価値をなし、そこに神秘の名を冠せらるるに相応《ふさわ》しいゆえんである。

この阿寒の神秘なるは東部北海道四州の山河が皆その霊峰一眸《いちぼう》の中に集まるが故でもなく、またその湖畔に湧出する温泉の効験を云々《うんぬん》し、あるいは月明かりに阿寒湖上船を浮かべて赤壁を論ずるの雅致あるがためでもない。実にその包蔵せるところのものが他に類例を見ないからである。しかも屈斜路湖畔の雄大なる景色と摩周湖上の悽愴《せいそう》（注・すさまじく痛ましいこと。またものさびしいさま）の気分とはこの付近の環境と相まって阿寒の神秘をして一層の光輝あらしむるところの照魔鏡なのである。

雌阿寒《めあかん》山は釧路国中の高山にして北緯四三度二三分、東経一四三度五九分四〇秒に位する活火山である。半腹以上はその傾斜、急にしておおむね三十二度内外をもって低下し、東方は「プレペヌプリ」山に連なり阿寒湖をはさんで雄阿寒《おあかん》に相対し、数条の渓谷を有している。その南に傾くものは山麓において相会して「ワクカクニプ」（濁水の義）の沢となりて阿寒川に注ぎ、北方は「チタウシペヌプリ」山に連なり北東に「オータンベ」「フシコタンベ」および北方に「ポンシリコマベツ」の沢を有している。共にこれらは阿寒湖に注入するものである。北西方に「オンネスリコマベツ」の沢がある。西麓に一の湖水がある、「キムントー」と称す、一名島田淵《ふち》ともいいしことあるとか。この「キムントー」湖は地形図には表してない。南方は「ポンマチネシリ」と阿寒富士との接合点において西方に開口する一つの渓谷がある、これは足寄川《あしょろがわ》の支流である「ラワン」の水源である。しかして支脈はおおむね南東方に延びて群山に連亘《れんこう》している。

雌阿寒山はその頂上において大噴火口があり、これがために峰を東西に二分している。東方を「マチネシク」（雌山の義）といい、西峰を「ポンマチネシリ」（小雌山の義）といっている。しかして現時は西峰がかえってやや高大であるから、名実、相適《かな》わざるがごとしといえども、深くこれを推究するときは自ら趣味の存するものがあろう。けだし該山は活火山で蒸気の噴出する所、現に数カ所ある。ゆえに前二者命名の当時にありては必ずや名実相適い西峰が小に東方大なりしならんも、星移り物換わり爆壊のため現状を成したることあえて疑いを容《い》れざるところである。かつ「ポンマチネシリ」の南方に倒扇形《とうせんけい》の一山がある。いわゆる阿寒富士はこれである。今この三者を合わして雌阿寒《めあかん》山を構成しているのである。また単に「阿寒」とのみ称する。

山巓《さんてん》（注・山巓《さんてん》…山頂の意）はすでに一大火水をもって破壊せられその基部は熔解《ようかい》岩およびその粉砕したる砂礫《されき》をもってなり、数種の草木は所々に散生す。ことに火山の特性は、ほぼこれを備うるがごとし。試みにその一、二を挙げんか、阿寒富士の山容倒扇なる大噴の轟々《ごうごう》蒸気を噴出する、地獄谷に紅緑の小池をたたえる、硫黄温泉の所々に噴出するなど所々皆しからざるはなし。

絶頂に二個の噴火口あり。今を去る幾年前に破裂したるものなるか、得て詳《つまび》らかにすべからざるも、その中央におけるものは最も大にして「マチネシリ」「ポンマチネシリ」の二山はあたかもその岳壁をなせるものなり。火口は直径およそ三丁（約三二七メートル）、底浅くかつ坦《たん》にして二個の扁平なる小丘あり、爆発当時の余煙はなおその北西隅に存して、目下盛んに蒸気を噴出し、その上昇十数丈（注・丈…約一メートル）に及ぶ。

時に噴出量を多からしむることあれば、満山ためにその覆うところとなり、霧の襲来に異ならず。しかも硫黄紛々《ふんぷん》鼻を衝《つ》き噴気孔を距《へだた》る直径およそ四丁（約四三六メートル）なる「マチネシリ」山上においてすらその息にたえざることあり。土俗これを大噴という。

大噴の側に小噴口十数カ所あり。一も鳴動せず白雲昇騰するのみ。しかれども明治三十年八月二十日、および大正十一年九月一日のごときは鳴動数回に及べり。大噴はもと硫黄を採掘せる所にして今なお堆積累々《るいるい》たり。

他の噴火口は「ポンマチネシリ」の頂上にあり、口の直径およそ一丁半(約一六四メートル)、深さおよそ三百尺(約九一メートル)、内壁はすこぶる急にしてほとんど直角をなすも、南の外壁は傾斜やや緩にして辛うじて昇降するを得。内側の西部中央に二カ所、東部に一カ所の噴気孔ありて共に盛んに噴出し、その声響轟然《ごうぜん》たり。

中に湖水あり径およそ三、四十尺(約九〜一二メートル)水色暗赤色を帯ぶ。ゆえにこれを血の池という。火口壁は絶崖《ぜつがい》をなし、東側最も高く南方最も低し、内壁段丘の南端に一の湖水あり。水色青緑色を帯ぶ、ゆえにこれを青池という。その傍らにまた一つの噴気孔あり、目下蒸気を噴出するのみなるも、現地人の語るところによればかつてこの孔より温泉を噴出し時に丈余に及べることありしと、熱泉の称存するゆえんなり。それより南方阿寒富士に向かって一の谷をなしその上部において蒸気を噴出するところ一カ所あり。硫黄息を衝くはなはだし、ゆえに到底接近することあたわず。下瞰《かかん》せば噴火孔の周囲には硫黄花、重畳堆積して一種の奇観を呈す。

このほか、東方岳壁の外側に噴火孔二カ所あり、共に少量の蒸気を噴出す。温泉の湧出する箇所は中腹に二カ所、山麓に一カ所あり。しかしてその一は北東方「オータンベ」沢の上部にあるもの（ここに大和田某《なにがし》の硫黄採掘事務所跡あり）にして二カ所の泉源あり、その泉色一見すれば一は帯黒色、一は帯白色の二種に分かつことを得るといえども、今、札幌農学校教授吉井豊造の分析の結果によれば、甲号（帯白色）乙号（帯黒色）共に無色にして乙号は普通の水と異なるなしといえども、甲号は千分中一・七二の固形物を含有し、すなわち主に無機物にして主要なるものは酸化鉄、礬土《ばんど》（注・酸化アルミニウム）、石灰および硫酸とす。しかして酸性を呈しこれ硫酸の現存に帰す。しかれども一も有毒性金属を認めずという。その二は東方「ワクカクニブ」沢の上部にあり。ここに該山旧硫黄採掘者細川某《なにがし》の事務所および人夫小屋の痕跡あり。しかして温泉の湧出口沸々《ふつふつ》たるもの多し。泉色は無色にして臭気なきがごときも、これに触るる岩石などは全て青白色を呈せりという。その三は東方山麓阿寒湖畔にあるものこれである。

「マチネシリ」山の高度は「ルールマン」式によりて算出すれば左のごとしと。十勝に基づき一、三二二・三メートル、網走に基づき一、三二九・○メートル、釧路に基づき一、三二五・六メートル、平均一、三二二・三メートル（雄阿寒岳・現標高一、三七〇・五メートル）、「オンマチネシリ」はこれよりやや高く一、四一三メートル三（雌阿寒岳・現標高一、四九九メートル）。

絶頂において快晴の日、目を四方に放てば、南は幾多の山脈西より東に連亘《れんこう》して、あたかも波浪のごとく、西方また中央山脈の一帯蜿蜒《えんえん》たり。なかんずく石狩岳「スタプウウシベ」山などは雲間に秀抜して白雪の皚々《がいがい》たるを望み、北方は網走沖を望みやや東に偏して遠く霞のごとくに国後《くなしり》島を望む。東方は最も風景に富み近くは偃《えん》松（注・偃…横たわるの意）の密林中に阿寒湖漫々としてたたえ、「ヲンネモシリ」「ポンモシリ」「ヤイダイモシリ」「チュウルイモシリ」の四島はあたかも田中青螺《せいら》（注・青い巻貝のこと）のごとく点在し、かつ時に水面に白浪を起こして気界低部の静穏ならざるを示すがごときはすこぶる趣味ある観望なり。その東岸に雄阿寒《おあかん》山聳立《しょうりつ》して山媚水明 相応じ、雄岳中腹以上は「マシウ」「ラウス」「シャリ」の諸山 雲煙縹渺《ひょうびょう》（注・ほのかに見えるさま）の間にあるがごとき、厚岸《アツケシ》、釧路《くしろ》沖の渺茫《びょうぼう》（注・広々として果てしないさま）白紗《はくしゃ》（注・白い薄絹）を引くがごとき、単に心眼を楽しましむるのみにあらず、もしそれ仰いで天を望まんか、天籟《てんらい》（注・風が自然に発する響き）は、時に雲を呼び雨を起こし、時に一碧《いっぺき》拭《ぬぐ》うがごとく星を点じ月を懸《か》く。俯《ふ》して地を望まんか、山岳、河川、草木、禽獣《きんじゅう》おのおのそのところを得るがごとし、天象地文また快なる哉《かな》である。

雌阿寒《めあかん》山採集昆虫類を分類すると（注・ただし、ここに記載された分類法は当時のもので、現在は大きく改められている）

鞘翅《しょうし》類

斑科、ニハスズメ。歩行虫《おさむし》科、マイマイカブリ、スゲオサムシ、アオオサムシ、アカバネオサムシ、ゴミムシ。隠翅虫《はねかくし》科、オホハネカクシ。埋虫科、オオクソムシ。金亀子《こがねむし》科、センチコガネ、コガネムシ、ハナムグリ、ツノムシ、コハナムグリ一種、コガネムシ一種、クソコガネ、ヤブハナムグリ。蛍科、オバホタル、ジョウカイボ一種。叩頭《こめつき》科、ヒメケシコメツキ。キクスイダマシ科、キクスイダマシ。象鼻《ぞうむし》科、オオルクゾウムシ、ゾウムシ一種、ルクゾウムシ、セスジゾウムシ。天牛《かみきりむし》科、ヨツボシハナカミキリ、アカハナカミキリ、ハナカミキリ、カミキリムシ一種、トラムシ。ルリムシ科、ウリバイモドキ、ハンノハムシ、ハネルリムシ、ルリムシ、カメノコムシ。瓢虫《てんとうむし》科、ナナボシテントウムシ、テントウムシダマシ。

膜翅類《まくしるい》

蜜蜂科、ハナバチ、チャイロハナバチ、ツチノバチ一種。蟻科、クマアリ一種。鋸蜂《のこぎりばち》科、ノコギリバチ一種。

鱗翅類《りんし》
粉蝶科《しろちょう》、スジグロチョウ。小灰蝶科《しじみちょう》、ルクシジミ、ヒナヒヨドシ、ルクタチバ。
双翅類《そうし》
虻科《あぶ》、アブ一種。オドリコバエ科、ヲドリコバエ一種。食蛾蝿科《しょくがばえ》、ハナバエ一種。家蝿科《いえばえ》、アオバエ。
コエゾセ（有吻類）
擬脈翅類《ぎみゃくし》
蜻蛉科《とんぼ》、オニヤンマ、エゾヤンマ、ムギワラトンボ一種。螽蟖科《きりぎりす》、イブキギス。蝗虫科《いなご》、ナキイナゴ、クロフイナゴ。

雌阿寒《めあかん》山の植物帯はこれを四帯に分かつを得べし。

第一帯は山麓河畔、および「ルベシベ」原野これに属し、河畔には「ニレ」「ヤチダモ」、原野には「ミヅナラ」「ヤマハンノキ」疎《そ》林をなす。

第二帯は山麓よりおよそ三千五百尺の間針葉樹の純林にして「トドマツ」「エゾマツ」長喬欝《うつ》林をなし「クマザサ」その下に茂り、山麓には濶葉樹《かつようじゅ》種「シウリ」「シナノキ」「オガラバナ」を混ず。「アカエゾマツ」はおよそ三千尺以上に繁生し「ナナカマド」は四千尺以上に疎生するを見る。

第三帯は「ハイマツ」密生して純林をなし、ほとんど頂上に達す。谷に沿いて「ミヤマハンノキ」疎林をなし「ミネヤナギ」雑生す。

第二帯と第三帯との間に灌木《かんぼく》繁生の一区あり。「ウコンウツギ」「シロバナシャクナゲ」「クロウスゴ」「オオバスノキ」「タカネバラ」「イソツツジ」など雑生し、「ミネズオウ」「イワウメ」岩隙《いわすき》に点綴《てんてつ》し、「コマクサ」「メアカンフスマ」「イワブクロ」「メアカンキンバイ」「ホソバオンタデ」などの草木その間に散生す。

北海道大学生川上竜弥採集し、同校教授宮部金吾博士の校閲したるところによれば全山に産する植物は二百三十七種ありという。

○

先々月、西村大宣伝使とともに欧州宣伝の旅に上りたる小高神孫宣伝使より、左記の書状 初めて入手したれば、後日の記念としてこの日記のページを飾ることとはなしぬ。

謹啓　厚きお護《まも》りによりまして無事パリに着かしていただきました。

深く御礼申し上げます。御旅中のご動静を報じた真如誌の入手いたしませぬのがまず何よりの憾《うら》みでございます。ただいたずらなる想像をめぐらしておしのび申し上げるより詮なきことをわびしむ次第でございます。

蝦夷《えぞ》島の唐松山の山さやに颯《さや》鳴りけむか聖師《きみ》行きませば　神　孫

山も野も緑に映えてすがすがし蝦夷ケ島根《えぞがしまね》の旅をせし哉《かな》　王　仁

北海の果《は》たて行く風むらさきの御袖《おん》なびけ薫りけむかも　神　孫

神風の伊勢大神や常立《とこたち》の恵みの風になびきぬ蝦夷島　王　仁

御旅の神秘をしのび奉りて

君黙《もだ》に任《よさ》し玉へば白《まお》さくのいらへも黙《もだ》に北海の山　神　孫

蝦夷千島樺太《からふと》の旅重ねつつ言向《ことむ》け行きぬ北国の旅　王　仁

欧州に宣伝の旅する神子《みこ》を偲《しの》びけるかな樺太の空に　同
わが神子の遠き旅路の幸くあれと祈りけるかな北海旅して　同
天地の元つ教への霊《ひ》の本の道白雲の外に求《ま》く世や　同
何事も皆外国は良きものと知恵なき国人さかしらをする　同
蝦夷《えぞ》島の真中に在るや天高き（山部）　香鹿
松に倚《よ》ればなつかしき香や蝦夷の秋（同）　鳴球

◇九月十三日　釧路《くしろ》新聞記事
女秘書に取り巻かれて
王仁さんの快気焔《かいきえん》

既成宗教は嫌いじゃと片付けて
大本教のご利やくを説き立てる

大本教の聖師出口王仁三郎氏（五八）は、昨夜午後六時四十二分釧路着の上り列車で根室からやってきた。プラットホームでは先着の長髪隊が手に手に小旗を持って出迎える。王仁さんはでっぷり肥《ふと》ったお相撲よろしくの格好、つやつやした髪をヘヤネットでつつんだあたり何となく非現世的だ。好奇の視線の包囲攻撃を浴びながら旅館とら屋の二階へおさまったが、絶えず傍らに付き添って離れようとしない女秘書二名、その美しさが目立った。聖師は来訪の記者に対してすこぶる愛想よく語る。

「北海道は初めてだよ、妻のすみ子が大正十一年にやって来たことがある。大本教は例の検挙騒ぎで、もうつぶれたように世間にうわさされているが、亀岡だって綾部だって昔のままさ。信徒はかえって五倍くらいに増加したろう。不敬罪だなんてあれはこじつけで、案の定大審院で免訴となったじゃないか」

くゆらす煙草《たばこ》のけむりと一緒に気えんはようやくピッチをあげていよいよ宗教問題に入ってきた。以下は記者との一問一答である。

問「大本教では人類愛ということを言っておられるが、あれはキリスト教と同じじゃないですか」

答「キリスト教とは似たところもあろう、しかしすべての人類は罪の贖《あがな》いのため生まれてきたなんていうばかなことは言わない。私は既成宗教は嫌いじゃ、物質欲に走り過ぎている。それに恐喝《きょうかつ》的なところがある」

問「仏教の因果関係はどう考えます」

答「そんなことは認めない、もっとも種子をまけば発芽するのも因果だといえばそれは別だがね」

問「じゃあ、前世や来世については」

答「そんなものはないと思っている。人間は永久に現世で不滅なものじゃ

よ」(注)

問「神人合一ということを教義に表されているようだが、つまりその辺のことを指すんですね」

答「そうじゃ、われわれが神というのは宇宙を支配する神秘な力だ。それを発揮するためには司宰者である人類がこれと合体せねばできない、だから多神教にして同時に一神教さ」

問「大本教の公認問題はどうなっています」

答「宗教局あたりでは公認しても差し支えなかろうくらいにまで了解してくれている。しかし他の天理教や黒住派と異なって、全然独立した新宗教を公認することになるから異論も起こる。いずれ宗教法案でもできたら公認問題もまた蒸し返されるだろう。しかし大本教は非公認でも構わん、否、信教の真の自由からいえば現在の方がかえってありがたいよ」

【編者注】一見すると、霊界の実在を否定されたようなお言葉に見えるが、出口聖師は一貫して霊魂の不滅を説き、生まれかわり（再生）があることも示されている。人は死後（霊肉脱離後）、各自の霊性に相応した霊界へとおのずから行くとする大本の教えは、既成宗教が「前世」「来世」という言葉を使って説いてきた〝恐喝的〟な地獄観を否定している。このことを十分に理解しない記者が、誤解を招くような表現で、出口聖師の言葉を記している。

◇同日　同新聞「カクテル欄」記事

◇

句仏師のあとへ大本教の王仁さんとはちょっと取りあわせが面白い。

◇

俗眼から見れば、句仏師は破産宣告となって親鸞の後とりらしくなり、王仁は受難を経て、ようやく自称聖者に箔《はく》がついたというものか。

◇

ことに既成宗教反対とは王仁さんなかなかヤマ勘に妙を得てござる。

九月十四日　　於　山部分所

昨夜より今朝にわたって滝なす大雨ひきも切らず降りしきて、山部《やまべ》の天地薄暗く風冷え冷えとして重ね着をなすに至り、秋更けたる心地濃《こまや》かなり。人類愛善の提唱はますます時機を得て至るところ好感をもって地方紳士や知識階級の間に認められ思想善導の唯一の福音として推賞され、またもやここに空知《そらち》郡赤平《あかびら》村字下幌倉《しもほろくら》の吉田佐次郎氏新たに支部を設置し自ら支部長となりて活躍し、次に同郡山部《やまべ》村字西達布《にしたつぷ》市街地岩井茂夫氏もまた支部を新設し、支部長として人類愛善の警鐘を打ち、北海の天地に馬を進めることとはなれり。時の力とはいいながら、神慮のほど思われて畏《かしこ》し。

昨夜より打ち続きつつ降る雨にあしたの庭の薄暗きかな

内地松茂り栄ゆる此《こ》の館《たち》はいや栄えなむ霊肉共に

庭松の勢ひ良きを眺むれば天霊両地にある心地すも

休養を与へられたる今日の日は雨は恵みの露にぞありける

北海道要《かなめ》と神の定めたる山部の国魂美《うるわ》しきかな

今朝三時の汽車にて札幌《さっぽろ》の土屋和雄氏、瀬戸牛の安部時平氏、赤平の吉田佐次郎、吉田富雄氏、札幌の柳沼よしえ氏ら雨を冒して各自帰途につけり。

大雨を冒して帰る信徒《まめひと》の身よ安かれと祈る朝かな

国魂《くにたま》の神も守らせ玉ふらん蝦夷《えぞ》に大道開く真人《まびと》を

雷鳴は轟《とどろ》き電光きらめきて豪雨ふりしく山部の朝かな

降る雨に飽きにけるにや雨蛙《あまがえる》わが文机《ふづくえ》に飛び来たりけり

雨蛙握《つか》んで窓に投げやれば硝子《ガラス》にあたりて大の字となる

雷鳴に豪雨あがりて蝶蜻蛉《ちょうとんぼ》庭の面《おもて》に舞ひ狂ひけり

白雲の破れ目ゆ蒼空《あおぞら》覗《のぞ》きつつ北風そよぐ庭の面《おも》かな

家鶏《かけ》の声冴《さ》え渡りつつ御空より天津日の神伊照らせ玉ひぬ

岩田鳴球氏の親族なる寺西直一氏は、今日もまた珍しき北海道産の桃一籠を持ち来たりわれに贈られた。今夜は下富良野の消防倶楽部《くらぶ》において講演会開催のため岩田鳴球、吉原亨、堤嘉吉、富樫格、佐藤勝治、増川康、寺西直一、斎田のぶ子、宮西うめ子、佐藤清蔵、黒沢次郎の諸氏午後五時の汽車にて出てゆく。先発準備のため岩井茂夫、平山善太、漕野政吉、講演場に向かえり。午後よりは夜来の雨全く晴れて太陽清く輝き心地よく、夜また星光燦爛《さんらん》としてまさに仲秋に入りし心地す。

○

天恩郷より送りたる冠句今日選了、首位の句左のごとし。

天、なにもかも天下一品の月の宮　朝楽

地、みあげてる神と君との二重橋　高月

人、宮、　日本魂の学校　京風

軸、見上げてる崇高《けだか》い姿と不二の山　閑楽

天、なにもかも神が操る活人形　鈴蘭

地、なにもかもすなほな心は神の宿　窓月

人、なにもかも忘れて尽す神の恋　留月

軸、なにもかも明けつ放しは気が楽な　閑楽

天、月負ふて十字ふまへてたつ宮居　閑楽

地、きのながい筈だ墓場のない神国　地月

人、きのながい雲間の月に墨をすり　一星

軸、つき合ふて友の心を金で知る　閑楽

天、見上げてる空は無限の神秘境　山村

地、やさしいなスの種抱いて笑ふ梅　蓮花
人、やさしいな子が食てしまふ犬食はず　大槻
軸、見上げてる汽車の上から本宮山　閑楽
天、聞く耳を天まで引っ張る時鳥《ほととぎす》　有楽
地、荘厳と神秘を語る不二の山　神孫
人、艫《ろ》を止めて舟を忘れる不二の山　娯楽
軸、百合の花日本美人の異名なり　閑楽
天、宮、　真釣《まつり》の要　洋楽
地、月、　夜光の玉　池月
人、山、　天然の美　清子
軸、山、　山川を背景にした月の宮　閑楽

天、会、　神は聖地　佐藤

地、会、　天の川の一夜　酔狂

人、会、　浮き世絵　如月

軸、会、　人の溜　閑楽

天、世界一名も伊都能売《いづのめ》の月の宮　娯楽

地、しかつてる親より強い味方ない　建月

人、いそいそと喜び縫ひこむ子の産衣《うぶぎ》　娯楽

軸、いそいそと天使を背負つてさとに行く　閑楽

天、りくつぬき叩《たた》けば神の門はあく　嶺月

地、りくつぬき赤子に見える神心　蓮月

人、たまりかね茶漬でいいと催促し　華江

軸、溜り金一夜に泥にしてやられ　閑　楽
天、いやじやいやじや悲観が住まぬ天の国　勇　風
地、うれしうれし異域で仰ぐ日の御旗　泉　風
人、位、　神的順序　同
軸、名位寿福は天賦の正欲　閑　楽
天、もらつてる霊子太らす神書《ふみ》の糧　善　楽
地、ろくろくに寝るひまもない母の愛　芳　月
人、ろくろくに歩めもせぬに親の下駄　新　生
軸、いのちより大事と餓鬼が金愛し　閑　楽
天、真信と愛善神の旗印　泉　月
地、治まつて万有蘇生《そせい》の新天地　観　月

人、春来れば万象凡《すべ》て新天地　真楽

軸、うごいてるあとから餓鬼をふやしてる　閑楽

天、かみまつり霊体一致が国の本　耕巒

地、道、　徳主法従　松葉

人、はなししても筆でも尽きぬ御神恩　常葉

軸、無理斗《ばか》り云ふ人何故か虫が好く　閑楽

天、みたいみたい天極紫微《てんきょくしび》の荘厳宮　勇風

地、みたいみたい盲《めしい》が生んだ子の笑顔　道楽

人、みたいみたいまだ見ぬ奥の天地人　住月

軸、積みあげて居る児の石を砕く鬼　閑楽

天、宮、　天地の楔《くさび》　暉月

地、女らしく床几《しょうぎ》の端に夕涼み　道楽

人、手紙、　想念の絵巻物　悟楽

軸、宮、　太古貴人の家　閑楽

天、ほんたうに力になるは神斗《ばか》り　柳生

地、るいがない五六七《みろく》たい蔵の御聖典　岸ぎん

人、りきんでる側で待つてる産盥《うぶたらい》　柳風

軸、ほんたうに類がない道たよつてる　閑楽

天、にこにこと天地ほほゑむ三代の春　月の子

地、にこにこと笑つて改心さす神書《みふみ》　兎跳

人、丸裸なつて頂く霊の衣《きぬ》　照通

軸、山と川海も渡つて道の旅　閑楽

天、しんみりと観れば自然が大本教　崎月
地、なつかしい慈顔伊都能売聖観音　道風
人、なつかしい思ひ出深い新枕　崎月
軸、たまらない苦労した人なつかしい　閑楽
天、朝早く洗ひ出された新天地　祥月
地、これはまた神の隠せし綾の里　長月
人、これはまた生きた屍《しかばね》はばる娑婆《しゃば》　同
軸、飛行機、　命鳥　閑楽
天、むちやくちやにさしてはならんと出る国祖　大空
地、びくびくと不安のいらぬ天津国　同
人、だきしめて乳のなき子に父は泣き　閑山

軸、だきしめて是《こ》れでも堂だとだめを押し　閑楽
天、おもひきつて捨てた生命《いのち》が生きてゐる　川風
地、世界中障子はづせば一家内　とがま
人、学ばざる学者あらはれ大騒ぎ　岡月
軸、鼻に口、耳にも穴　閑楽
天、いそいそと教の舟場に待つ王母　極月
地、はじめから万古不易の高御座《たかみくら》　玉楽
人、はじめから光を以《もっ》て出た月日　慶楽
軸、初めから知らな知らんと何故言はぬ　閑楽
天、出雲不二夫に持つた嫁ケ島　善楽
地、苦、偉業の半面　充月

人、吹き込んで洋行してる安来節《やすきぶし》　芳楽
軸、楽、　宗匠の名に使ひ　閑楽
天、的、　地上天国　秀月
地、梅、　の蕾《つぼみ》に春が来る　閑々
人、水、　聖者の心　円月
軸、虫、　女を好き酔を好く　閑楽
天、ひのもとの出口から厳瑞の神　中野ぬい
地、松、　神国の祥徴　帆風
人、癪《しやく》の種妙薬にして男よび　田崎きぬ
軸、一つ島日の本人の救ひ舟　閑楽
天、ひさしぶり晴れて天地の御対面　泉月

同

地、魁《さきが》けて咲く白梅は国の華　木田

人、丹波路に一輪咲いた国の華　閑楽

軸、うつくしい女も毎日見れば飽く　高楽

天、きがつかぬ山の奥から救世《すくい》の舟　高月

地、ちりぢりに愛と信とを蒔《ま》きに出る　映月

人、ちりぢりになる世を月の輪でしめる　閑楽

軸、動いてる道を大事と宣伝使　川風

天、生殺と与奪の権持つ時の神　邦月

地、ちつとづつ皆違つてる人心　霊月

人、たいへんたいへん赤い信号眼の前に　閑楽

軸、天下一鏡は綾の聖地から

天、くらすなら闇と冬なき天津国　谷風
地、くらすなら夜なき春の天津国　神谷
人、ままならぬ筈だよ其所《そこ》は要塞地　竹風
軸、身にあまる今日一日の借衣裳《かりいしょう》　閑楽
天、いきいきと霜枯れのない天の花　地月
地、あほらしい中に埋もる大真理　指月
人、心、　内流のアンテナ　地月
軸、あほらしい何ありがたい転理教　閑楽
天、このために愧《はじ》をしのんで腰弁当　川風
地、やれやれと笠とく手にもすがる稚子《ちご》　小野
人、うれしくてろくに眠られぬその前夜　理彦

軸、うれしくてにこにこしてるそのあした　閑楽
天、マハトマの聖雄は神代の建築者　竹風
地、よりよりに選《よ》つてたてたる神柱　霊月
人、笑くぼ、　天使の拇印　岡月
軸、昔から神の守れる大日本　閑楽
天、めがさめた荘厳無比の大法城　神の子
地、はるばると四方《よも》の国魂よる法城　同
人、なりだした蜜柑《みかん》に祖父の物語　出雲富士
軸、はるばると宣伝の旅骨を折り　閑楽
天、くろうして大慈の親の恩を知る　松風
地、いまごろは流行《はや》りませぬと娘泣き　霊月

人、いまごろはと亡き子を数ふ親心　遠藤
軸、共々に和合して行く神の道　閑楽
天、何事も神を離れて善はない　樵月
地、年月は未来を呑《の》んで過去を生み　暉月
人、なつかしきたよりはいつも神の国　暁風
軸、長い旅女房が一度見たくなり　閑楽

○

今日しも陰暦の八月一日に当たり、内地にては八朔《はっさく》と称し放生会《ほうじょうえ》を行う吉日であり、妙見山上にては奉納角力《すもう》のにぎわう日である。われ昨秋、明光新宗匠らと摂津国能勢《のせ》妙見山に登り、蓄積する和歌や冠句を肩凝ら

しつつ選びたるも今日なり。本年もまた同じ日をもって北海の旅の空に一日の小閑を得て、和歌冠句の選に従事するの運びとなりしは実に奇縁というべきである。

一昨夕、当山部《やなべ》分所に入りてより、何くれとなく忙《せわ》しく日記などを整理するため小閑なく室内一歩もいでざりしが、気を散ずるためと外にいで、分所の外囲いを数十歩ばかり逍遥《しょうよう》しつつ再び帰りて、冠句の第三選に取り掛かり終わりて、こよいの下富良野における講演の状況など心に描きつつ如月、清月両氏に清記を委託し、あらけく寝に就けり。

付記

今日八朔に際して大雷雨ありたるは、いよいよ仲秋に入り天気固まるの前提にして、明朝ごろよりは冷気襲うべく、北海の旅行切り上げも間

北海道　北明分所　庭上の出口聖師

山部・北明分所における出口聖師

近になりて何となく寂しみを感じたり。

東京に滞泊 病気静養中なる天恩郷主事 御田村大宣伝使より本日左の返電到着す。青海王われに面会申し込みについて、王の日本滞在日程を問い合わせのため打電せしに対しての返しなり。

ヨテイタタヌ、ツキズエノミコミナルモ、オオハアコガレニタエヌモヨウ、コマゴメミタ

一一時一五分受付、受信午後〇時一六分

ヤマベ　ツツミカキチカタ　イハタキウタロウ

松しげる黒土にして秋の雨（山部）　香　鹿

旅にして出水憂ふる大雨かな（同）　鳴　球

九月十五日　於　山部分所

天高く気澄み渡り馬肥ゆる秋の景色はいよいよ今朝より幕を開いて、風清く蒼穹《そうきゅう》一点の片雲もなく旭日《きょくじつ》芦別山《あしわけやま》の峰に映えて、家鶏《かけ》鵲《かささぎ》の啼《な》く音爽やかに聞こゆ。宣信徒八朔《はっさく》の吉日の休みがてらに作りたる臨時冠句を選むべく文机《ふづくえ》に向かえば、昨日数十冊の冠句選の軽き疲れに眠気襲いきてたえ難し。如月、清月今日は久し振りに洗濯婆さんとなり、甲斐甲斐しく庭の面《おもて》に勤《いそ》しむ。

芦別の山に朝の日照りはえて庭のおもてに吹く風清し
家鶏《かけ》の声　鵲《かささぎ》の声冴《さ》え渡り庭の面《も》明《あ》かく旭日《あさひ》かがやく

○山部《やまべ》分所臨時冠句集

総集句　三〇九　　抜句　一四七

題「ヤウヤクニ、ヒサシブリ」　選者　朝寝坊閑楽

佳　調（平調省略）

ヒサシブリ洗つたやうな月の面　　清　月

ヒサシブリ一天四海晴れ渡り　　梅　林

ヒサシブリ故山がよび出す幼な友　　如　月

ヒサシブリへそをあはせてあなかしこ　　北　斗

ヒサシブリ雨にどよめく地の万象　如月
ヒサシブリお目にかかつた内地松　道楽
ヒサシブリ蝦夷《えぞ》も聖地と嬌《かか》る三代　天神
ヒサシブリ天と地との御相談　佐藤
ヒサシブリかぢの音さゆる天の川　如月
ヒサシブリ神の理想をまつの御世　道楽
ヒサシブリ逢ふて見たれば児が二人　根月
ヒサシブリ二人の胸が躍つてる　道楽
ヒサシブリもめばかなしい母の痩せ　句楽
ヒサシブリ遇ふたうれしさだまつてる　同

ヒサシブリ天気つづきに慈悲の雨　川龍

ヒサシブリ霊《たま》の御祖《みおや》にめぐり逢ひ　北光

ヒサシブリ霊衣の中にむせぶ今日　蕚水

ヒサシブリ紫雲たなびく山部村　同

ヒサシブリアイタかつたと柱に頭　梅林

ヒサシブリ講演聞いてよみがへる　蕚水

ヒサシブリ雷声とどろく十四日　天神

ヒサシブリ雷雨とどろく蝦夷ケ島《えぞがしま》　黒沢

ヤウヤクニ慈光に満ちた蝦夷ケ島　同

ヤウヤクニ蝦夷ケ島にも真如光　根月

ヤウヤクニ霧雲晴れて見えた月　北斗
ヤウヤクニたつた松茸若つばめ　北光
洋　薬　にまぎらしい名を付け薬　道楽
ヤウヤクニ電子説まで行き詰り　句楽
ヤウヤクニ母も安堵《あんど》の月の客　清月
ヤウヤクニ光が見えた蝦夷ケ島　北斗
ヤウヤクニ不滅の命を救主《きみ》に知り　梅風
ヤウヤクニ天国完成地の上に　北光
ヤウヤクニ出来上りたる月の宮　堤
ヤウヤクニ蝦夷の地軸で大祓《はら》ひ　天神

ヤウヤクニ巡り終つた蝦夷ケ島　句楽

ヤウヤクニ日の出の御守護御三代　同

ヤウヤクニ北海まはつて一休み　梅林

ヤウヤクニ終らんとする蝦夷の旅　清月

ヤウヤクニ石屋の胸がよめて来た　句楽

ヤウヤクニ出来上つたる月宮殿　楠本

ヤウヤクニエゾ地に植ゑた月の苗　梅風

ヤウヤクニ霊天国の門があく　北光

ヤウヤクニためた金をば置いて死ぬ　蓴水

ヤウヤクニ慈雨に浴した北海道　黒沢

ヤウヤクニ育てた子供親を食ふ　蓴水
ヤウヤクニ神にめざめた新天地　天神
ヤウヤクニ波にゆられて泊村　根月
ヤウヤクニ御釜帽子の宣伝使　道楽
ヤウヤクニ神代の要を月の宮　梅風
ヤウヤクニ蝦夷の地軸に立つみろく　天神
ヤウヤクニ心月清め真人《ひと》となる　川龍

秀　調

ヤウヤクニ月の宮居もたつの秋　清月

軸

ヤウヤクニ蝦夷ケ島根《えぞがしまね》の岩戸明け　梅風

人

ヤウヤクニ百日過ぎて初笑ひ　堤圭

地

ヒサシブリ神人飛躍の蝦夷ケ島　天神

天

ヒサシブリ天と地との御会合　如月

追加

ヤウヤクニ尻落ちついた雨の宿　閑楽

ヒサシブリ故郷に帰れば親はなし　同

○

蝦夷ケ島《えぞがしま》永きかりねの旅枕今日の別れの惜しまるるかな　根月

蝦夷ケ富士清き姿をあとにして帰り路につく今日ぞ惜しまる　閑楽

三五夜の月のみかげと別るともまた逢ふ時を待つぞ楽しき　佐藤

北海の山野も錦着かざりて吾《あ》を見送れり仲秋の空　閑楽

蝦夷ケ島隈《くま》なく照らし真如光地の高天にのぼらんとはする　北光

三五《あなない》の月はくまなく蝦夷ケ島光を投げて西渡りゆく　閑楽

蝦夷島に尊き御教しき玉ひ惜しき別れを告ぐる今日かな　梅林

惟神《かんながら》誠の道を北の果樺太千島に布《し》き帰り行く　閑楽

蝦夷ケ島きみのみ教しきをへし今日を目出度く祝ひまつるも　川龍

蝦夷の島巡り巡りて今日爰《ここ》に道のつかさと神前に寿《ことほ》ぐ　閑楽

主の神は坤《ひつじさる》より艮《うしとら》に教の御綱渡したまひつ　高橋

あし原の中津御国の中国をたつ秋蝦夷に教の旅せり　閑楽

はるばると蝦夷ケ島根にみ教をしかせ玉へる救主《きみ》ぞ尊き　富樫

主の神の教かしこみエゾ島に渡りて愛《いと》しき神子《みこ》に逢《あ》ふかな　閑楽

嬉しくてたまりかねたる妻や子も岐美《きみ》のお出まし夢と怪しむ　佐藤

長年の望み叶《かな》ひて漸《よう》やくに蝦夷ケ島根の神子に逢ふかな　閑楽

伊都能売《いづのめ》の神の幸《さちは》ひ深くして蝦夷ケ島根に慈雨ふりそそぐ　堤

聖《きよ》き園後にはるばる伊都能売の教を宣《の》りし蝦夷の島かな　閑楽

蝦夷ケ島遠き近きにみともしてかれしわが魂よみがへりけり　北光

あちこちと瑞《みづ》のみのりの潤ひて慈雨ふりにけり蝦夷ケ島根に　閑楽

蝦夷ケ島神のまにまにへめぐりて月光《つきかげ》仰ぐ瑞の大神　根月

瑞々し月蝦夷島に冴《さ》えわたり神の光の見えそめにけり　閑楽

師の君と共に神前《みまえ》に大御酒《おおみき》を頂く今日の深き御恵　漕野

北海の旅も漸く巡り了へて今日大前に神子と祝《ほ》ぎけり　閑楽

聖師様うれし涙の面会も早別るべき時は来にけり　佐藤

教御子《みこ》あまた残して帰り行くわが袖重く涙にしめりぬ　閑楽

師の岐美は蝦夷の常世《とこよ》をてらしつつ天国ひらき玉ふ尊さ　北斗

天国を地上にうつす天地の神の経綸《しぐみ》を開く蝦夷かな　閑楽

伊都能売《いづのめ》の神の天降りてエゾが島よろこびつきぬ今日の嬉しさ　香雲

この里を国魂の地と定めつつ聖地をさして帰る吾《われ》かな　閑楽

或時《ある》は山火にむせび或時は波にひぢます御旅かしこし　道楽

夏秋の苦しき旅も宣伝使伴ひて行く吾の幸かな　閑楽

師のきみのみあとしたひてわが魂は遠くゆかなむ天恩の郷《さと》　黒沢

身はよしや天霊聖地に帰るとも御魂とどめんエゾが島根に　閑楽

蝦夷ケ島送りたいのは沢なれど山部の里にて許させ玉はれ　佐々木

蝦夷島の中心地まで送られて心足らひぬ人のまことに　閑　楽

わかれては会ふてはめぐり巡り来ていよよわかるよ宴《うたげ》なりけり　香　鹿

送らるる送る三十六名が今し宴に揃《そろ》ひけるかな　同

とかくして樺太までも千島へもお成りたまひし終り尊き　同

お別れを惜しみてうつし撮るとするその秋晴れのいぢらしきかな　同

函館ゆ山部ゆ四十幾日の荒き御巡りただありがたき　同

急行に徐行に馬に船に召し蝦夷ケ島根を固めたまへる　同

あちこちと飛行将軍エゾ島に雄猛びの花咲き匂ふ旅かな　閑　楽

蝦夷島に名残惜しみて帰り行くわが後髪曳《ひ》かるる心地す　同

いつか又《また》再び是《これ》の神島に渡りて神子《みこ》に見《まみ》えんとぞ思ふ　同

月かげは四方《よも》の民草隔てなく照し玉はむ蝦夷ケ島根も　同

輝ける神の教に蝦夷島の眠りもさめむ朝な朝なに　同

歌に句に心のたけを打ち明けて吾《われ》を見送る信徒《まめひと》めぐしも　同

萩の丘花ふくらみて秋の日の更け初めにけり蝦夷島の旅　同

芦別《あしわけ》の高根に靄《もや》のかかりつつエゾが島根の秋は更け行く　同

只《ただ》一つ生命《いのち》まかせてカミソリに眠りけるかな蝦夷島の旅　同

闇の世と云へども神にある吾は夜昼しらに輝きにけり　同

処女の名に放れんとする新婚の談《はなし》に淋《さび》し恋ならぬ身は　同

燕麦の畑に花豆咲き乍《なが》ら今朝秋立ちぬ北海の空　同

唐黍の畑に漸《ようや》く秋立ちて月に夜露の光る美《うるわ》し　同

槽水に澄めるゆで菜に秋立ちて風しづかにも丘の上に吹く　同

秋の日に蒲公英《たんぽぽ》咲けるエゾ島の日かげに遊ぶ白鶏《とり》の群れ　同

縁先の簾《すだれ》に風の立つ見えて秋冷やかに我に迫れり　同

咲き残る葵《あおい》の花を秋立ちて切り捨てありきエゾのあちこち　同

目に触れぬ物の響きの寂しくも聞こえて秋立つエゾの旅かな　同

秋晴れを別るる写真うつしけり（山部）　香鹿

大石に鎮まる霊や秋の風（同）　鳴球

九月十六日　於　山部　北明分所
青森　東北分所

芦別の高峰の谷間より狭霧《さぎり》白々と煙のごとく立ち昇りて、朝風寒く庭の面に吹く山部《やまべ》の里、軽き旅の疲れを養う間もなく記念の揮毫《きごう》をなす。岩田、吉原両宣伝使をはじめ、清月、如月、梅風の雅人もいよいよ内地へ出発の準備とて、いつになく色めき立ちて見るも忙しげなり。分所には朝早くより笑声聞こえて冠句の互選会開催され、天国気分漂う。

○　瑞《ずい》　句《く》

ドングイの葉は枯れ初めて秋更けぬ

孵化《ふか》場に人働けり秋更けぬ
立秋や学校普請の棟高し
星恋ふる秋の夕べや風寒し
只《ただ》一人ベンチに待てる秋の宵
科学文化原始林まで荒れにけり
空想の夢を破りて秋夜の雨
雨蛙 我がもの顔に松に鳴き
圧迫の風に木の葉も靡《なび》きけり
しつかりと朝を握つて露光り
秋の風身に迫りけり蝦夷の旅
恋の淵《ふち》深く沈みて青くなり
トマトウの実は踊りけり白い皿

風景美芦別山《あしべつやま》の冴ゆる朝
歓びの限り舞ひつつ蝿《はえ》は亡《う》せ
節《ふし》高の指に苦難の光見え
猫の目の円きあしたや里偲《しの》び
黄なる蝶《ちょう》今日も舞ひけり宿の庭

○

時折は故郷恋しく偲びつつ北海道の旅宣《の》り終はりけり
まめ人の清き心に守られて神の任《よ》さしの旅を終へたり
珍しき山河幾つ渡りつつ山部の里に骨休めせし

庭の面《も》に薫りも高き秋菊の花に偲《しの》びぬ天恩花壇を
数百鉢作れる菊の色々に匂ひ初めけん天恩の郷《さと》
長旅の疲れに飽きて漸《ようや》くに天霊両地恋しくなりけり
まめ人が神の御前《みまえ》に集まりて互選冠句の賑《にぎ》はしきかな
天国の写しなるかも何も彼《か》も忘れて歓《え》らぐ冠句の席上

○

まめ人の神前に作りし冠句を記念のために左に記しおく

題「見送りて」

見送りて後の便りが待ち遠し　蕚水

見送りて見えぬに又《また》も後を見る　北光

見送りて無事御渡海を黙祷《もくとう》す　梅林

見送りて又会ふ機会待ち遠し　蓴水

見送りて仕事しながら君思ふ　句楽

見送りてあとで手を振り旗をふる　堤

見送りてあとで夢見るまめ人等《ら》　宮西

見送りてあとに残りし御神徳　同

見送りて涙流さぬ信者無し　梅林

見送りて御徳を慕ふ聖師様　――

見送りて涙をかくす人の中　北光

見送りて心が画《えが》く聖師様　蓴水

見送りてあと伏し拝みふし拝み　梅林

見送りて陸と海とに振る神旗　北光

見送りて慕ふて汽車も追ふ思ひ　句楽

見送りて後までよろこぶまめ人等　宮内

見送りて来たまめ人に涙ぐみ　閑楽

題「山と川」

山と川景色勝れた別院地　句楽

山と川積る借金背負い切れぬ　根月

山と川四十七士の合言葉　梅林

山と川四十七士の大言霊　天神

山と川遂に離れぬ夫婦者　梅林

山と川聖人賢人生れ出す　句楽
山と川陰と陽との自然界　同
山と川天地を写す三五月　天神
山と川心も清き秋紅葉《もみじ》　川龍
山と川渡りて開く三五教《あななない》　天神
山と川清める道は綾の里　北斗
山と川生んだ母御の御来道　天神
山と川神は大なる芸術者　句楽
山と川厳《いづ》と瑞《みづ》との御活動　佐藤
山と川隔つも通ふ恋の道　北光
山と川合せ鏡のしるくなり　葶水

山と川陰と陽との形なり　同

山と川神その儘《まま》の御姿　句楽

山と川一度に生んだ国祖神　天神

山と川天《あめ》の御柱《みはしら》月の宮　根月

山と川許袁呂《こおろ》許袁呂の雫《しずく》より　同

山と川アア惟神《かんながら》自然界　川龍

山と川皆神様の愛の御子　閑楽

題「にこにこと」

にこにこと天地ほほゑむ北海道　天神

にこにこと合せ鏡の瑞の月　同

にこにこと野にも山にも岐美《きみ》の花　同

にこにこと笑ふ信者の神心　同

にこにことおならの後に臍《へそ》笑ひ　蕚水

にこにこと山部に集ふた宣伝使　句楽

にこにことしてる人には天あたる　同

にこにことりの字が遂に川となる　梅林

にこにこと七福神の布袋《ほてい》さま　川龍

にこにこと御機嫌宜敷《よろしく》御退道　天神

にこにこと二人笑ふて床の中　佐々木

にこにこと蛭子《えびす》大黒舞ひ踊る　北斗

にこにこと世界を統《す》ぶる大弥勒《みろく》　天神

にこにこと弁天さんを見る布袋　句楽

にこにこと聖師迎ふる小旗隊　同

にこにこと新婚旅行で神詣《まい》り　北斗

にこにこと天の岩戸が開かれた　吉原永

にこにこと笑ひの絶えぬ大自然　蕚水

にこにこと救主《きみ》の御伴に夫婦連れ　川龍

にこにこと下界を照らす秋の明月　勝治

にこにこと笑ふて暮せまめ人等《ら》　梅林

にこにこと写し鏡は天と地に　次郎

にこにこと何時《いつ》も慈顔の月の神　北光

にこにこと二人で笑ふ松と梅　北斗

にこにこといつも微笑《ほほえ》む月の神　北光

にこにこと三五の月が待つてゐる　川龍
にこにことみろくの御代を松の世に　次郎
にこにこと一行御無事の御巡教　天神
にこにこと山部の里をあとにして　次郎
にこにこと月の明りで文を読む　佐々木
にこにこと蝦夷《えぞ》のまめ人大車輪　閑楽

題「はずかしい」

はずかしいアアはずかしい間に合はぬ　川龍
はずかしい何年たつても研《みが》けない　梅林
はずかしい事はない筈《はず》二十過ぎ　同
はずかしい己が罪をば神の前　北斗

はずかしい身魂の底まで見抜かれた　次郎
はずかしい綿帽子とつてほどく帯　北光
はずかしい祝言あとの床の中　根月
はずかしいことをしてから顔と顔　宮西
はずかしい所を浜が吹きまくる　句楽
はずかしい思ひをかくす頬《ほほ》の紅　同

題「あめ降りて」

あめ降りて馬上傘さす聖師様　句楽
あめ降りて喜び休む御百姓　堤
あめ降りて山河涼しく秋清し　葶水
あめ降りて聖師迎ふる傘の数　句楽

あめ降りて稲架《いなかけ》急ぐ秋の夕　梅林

あめ降りて濡れても平気な石地蔵　北光

あめ降りて逢ひ度い親様山部まで　宮西

あめ降りて地が固まつた北明分所　閑楽

あめ降りて蝦夷の天地は蘇《よみが》へり　同

あめ降りて気温の降る秋の空　同

○

別院の霊地を選み定めんと秋晴れの野を逍遥《しょうよう》せしかな

芦別の山の尾の上に白木綿《もめん》をちぎりし如《ごと》き雲の起《た》つ見ゆ

梅《うめ》の家《や》が吟声となり神前に昨日の冠句の巻開きせり

兎《と》も角も北海道の中心地山部に別院設置定めぬ

此《こ》の上は蝦夷ケ島根の国魂も別院さして集まり来たらむ

秋晴れの空に別院定めつつ内地をさして帰る今日かな

珍しく秋立つ庭に桃の実の三つ四つ落ちて風冷え渡る

大雨の跡なく晴れて蝦夷島に風すがしくも秋は深めり

細川の流れに口を漱《すす》ぎつつ秋すみわたる今朝の蝦夷島

庭の面《おも》掃きつつ秋は更け行きて蜻蛉《とんぼ》止まれり箒《ほうき》目の跡

田の面に積みたる草の赤々と秋立つ色を見する今日かな

秋は野に山に更けつつ寺の庭に箒目立ちて照る陽《ひ》鈍きも

田人等《ら》の納屋《なや》に働く姿見えて北海の秋静かに更け行く

村の灯《ひ》の山のほとりに寂しげにまたたく夕べ秋風涼し

水を汲《く》む野の風車廻《まわ》り止みて静かに更けし山村の秋

むきかけた林檎《りんご》の上に蠅虫《はえむし》が胡麻《ごま》ふりし如《ごと》群がる日あたり

灯《ひ》を背《せな》に窓より空を見上ぐれば三日の弦月赤々と燃ゆ

半弦の月が大きく赤く出たと汽車の窓明け覗《のぞ》く人あり

窓にさす月を拝めば同車せし洋服男子冷笑漏らせり

午後の五時二十五分に山部駅秋風冷えつつ発車せしかな

まめ人は手旗ふりつつわが汽車のかくるるまでも見送りてけり

芦別《あしわけ》の山に夕陽《ゆうひ》のかくろひて大学山に雲の峰立つ

このあたり田畑あちこち開かれて国の秀《ほ》高く見え初めにけり

斎田宣伝使夫妻、宮西宣伝使は函館までわが一行を送るべく同車す。北海道連合会長提宣伝使は青森まで随行と決定せり。

新らしき家居並びて田の面《おも》の夕べ静けき布辺《ぬのべ》駅かな

田の面は遥《はる》かにひらけ稲みのる黄金の波に秋は長《た》け行く

山々は緑に煙り十勝岳夕雲おりて頂《いただき》見えなく

下富良野の駅まで見送りたる佐藤勝治、同次郎、吉沢清造、佐々木与惣吉、斎藤長治、富樫格、増川康、宮西梅子の諸氏下車、惜しき別れを告ぐ。わが汽車の見えぬまで神旗打ち振りて天神の舞踏見るさえ感謝の涙湧く。汽車はゴトンゴトンと容赦なく進みて、空知川の鉄橋に架かる橋下の流れ薄く濁りつつ、残照ようやく褪《あ》せてたそがれ迫り、窓吹く風身に冷えわたる。

緩やけき空知《そらち》の流れ山もとを流るるところ島の下駅

北海道 山部より眺める芦別山

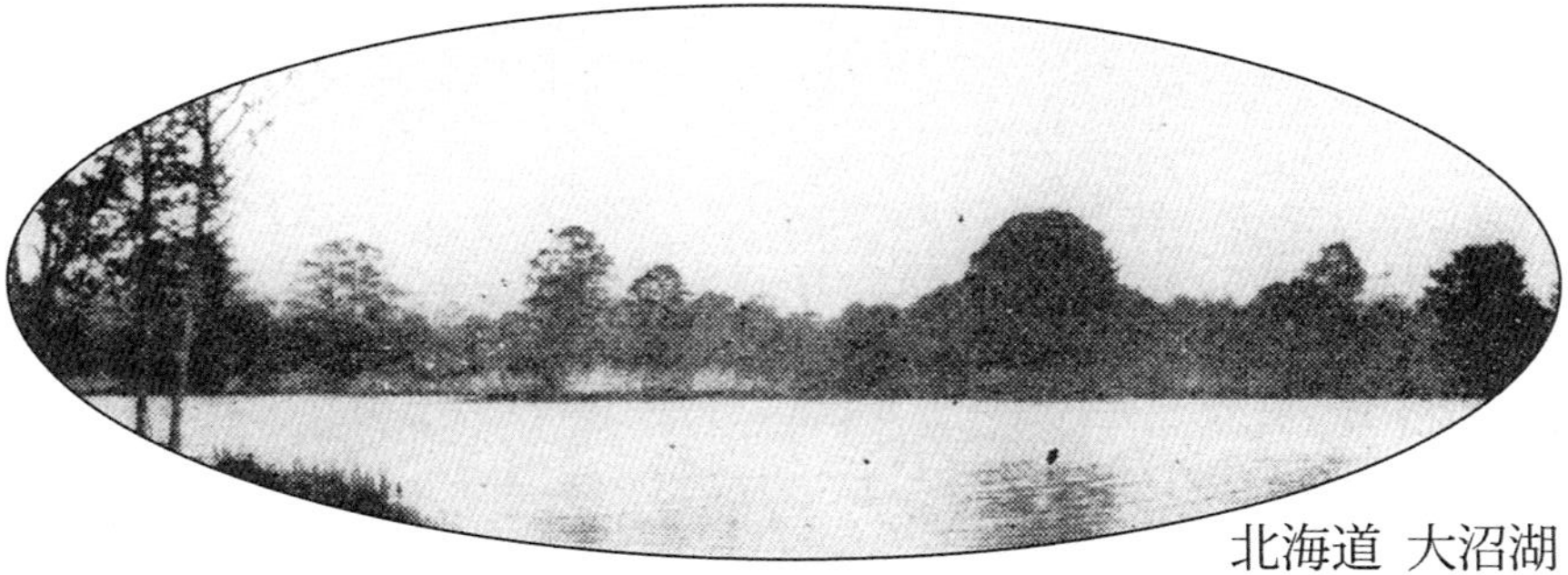
北海道 大沼湖

山ふもと遥《はる》けき方に灯の見えて黄昏《たそがれ》ふかき温泉の宿

空知《そらち》川に沿ひてわが行く窓の辺にかそけく残る夕明りかも

なんの樹か知らず黙々三四本向つ山の上にこんもり立つ見ゆ

風車カツカツと音立てながら回り出したり淋しき野の面《も》に

北海道四十余日の宣伝の旅に疲れて帰る今日かな

月冴《さ》ゆる空をし見ればおのづから口突いて出《い》づ小唄三つ四つ

夕靄《もや》の小川のあたりほのぼのと立ち拡がりの山部の神里《かんざと》

唐松の梢《こずえ》に赤く陽は映《は》えて山部の空に霧晴れかかる

日記書くわが部屋内の小暗きに電灯の玉架け替へて見し

たそがれの池の水面《みのも》にそよ風のたちて 萍《うきぐさ》動く涼しさ

奔茂尻《ほんもじり》の駅に黒々闇おりて涼しきままに心淋《さび》しも

夜の冷《ひえ》のひそひそ袖に迫り来ればものの悲しき秋にはあるかな

野花南《のかなん》の駅忘るまじ向つ山の尾の上《え》に冴《さ》ゆる三日月の影

炭山にいそしむ人の住めるてふ山もとの灯《ひ》を見つつ行くかな

上芦別《かみあしべつ》 下芦別《しもあしべつ》のひそやけき駅をよぎりて平岸《ひらきし》に入る

人声のいと騒がしくはたと又《また》ひそまりにけり茂尻《もじり》駅の夜

三日の月漸《ようや》く峰に半身をかくして淋し幌倉《ほろくら》の駅

弁当を摂《と》りてひそけく窓の辺に伊よれば寒き上赤平《かみあかびら》駅

幌倉の駅をよぎりて七時半滝川《たきかわ》駅に流れ入りけり

滝川の駅より寝台車にのりて函館さして行かんとぞする

此《こ》の駅は少しく広く物を売る声うつろなり彼方此方《かなたこなた》に

乗客は俄《にわか》に増えて二等室息苦しくも酢司《すし》詰めとなる

いよいよ滝川の駅から急行となり、自分と小西郷の二人は寝台車五と七とに籠城を命ぜられたれども、札幌《さっぽろ》、小樽《おたる》、倶知安《くっちゃん》の各所に宣信徒の出迎えあるため気に掛かりて眠られず、搗《か》てて加えて小西郷の雷のごとき鼾《いびき》には大いに弱らせられ、前後十二時間夜行列車ながら眠られず、倶知安を過ぎてより、ようやく安堵《あんど》し華胥《かしょ》に入るや間もなく、小西郷の大沼公園と駒ケ岳見ゆ、アア美しいと歓《よろこ》ぶ声に、すっかり夢醒《さ》まされぬ。

松家、良知、西山の三宣伝使、森駅より乗車してわれを送迎せりと聞き、目をこする折もあれ、岩田氏に案内されて、三使はわが室に入り来たりぬ。

夜は既にすでに明け放れ、駒ケ岳の霊峰、大沼の奇勝 目にさえ渡り、田の面の稲は黄金の波遠く広く連なりて四方に野の面光る。

滝川の駅より寝台買ひ求め夜急行に乗りて馳《は》せたり

夜の汽車四辺も見えず歌種も無きまま寝台車に籠城す

札幌の駅に来たれば新らしき未信者の人数多《あまた》出迎ふ

小樽《おたる》駅来たれば此処《ここ》も宣信徒深夜乍《なが》らも出迎へてあり

倶知安《くっちゃん》の駅より吉原永宣使暇《いとま》を告げて車降れり

大沼の公園風光賞しつつ黄金《こがね》の稲田見つつ走《は》せ行く

函館の駅に来たれば木村氏を始め信徒数十人待つ

因縁の地を相しけり秋裾《すそ》野《の》（山部）　香鹿

幟《のぼり》見れば内地めく秋祭りかな（汽車中）　鳴球

九月十七日　於　青森　東北分所

大沼の公園の風光に目さましつつ稲の穂の光る秋野を馳《は》せながら函館《はこだて》の桟橋駅に下車すれば、青森より長谷川宣使、田端氏母堂わざわざ出迎えあり。堤、増田、良知、松家、西山喜久子宣伝使は青森までわれを見送るべく津軽丸に向かう。函館方面の信者手旗を振り黒山のごとく見送る中を惜しき北海道、愛らしき宣信徒に袂《たもと》を別ち、臥龍山（注・臥牛山の誤りか）に名残を惜しみながら午前八時出帆せり。

北海道汝《なれ》に別るる今日こそは忘れざらまし魂の限りは

宣信徒見送る中を素気なくも動き出したり巨船津軽は
大小の船港口ふさぎつつ数多《あまた》浮べる中を縫ひ行く

今やわが恋しき北海道を去るに当たり、北海道六大都市の一なる函館に名残を惜しみつつ、少しく函館の沿革と現状を録し永久に北海をしのぶの栞《しおり》となすべし。


宝徳年間（一四四九〜一四五一年）、河野加賀守政通、箱館（注・函館の旧名）へ居城を築く。

康正二年（一四五六年）、蝦夷、乱をおこし和人を掠殺《りゃくさつ》して惨状をきわめた。

長禄元年（一四五七年）、大挙襲来し諸館主力をつくしてようやく破る。

永正九年（一五一二年）、再び蝦夷蜂起して館主河野弥二郎右衛門尉《うえもんのじょう》秀通（政

通の子）戦死し館も陥った。その後、箱館のこと久しく文史の徴すべきものがない。

寛保元年（一七四一年）、松前藩は亀田番所を箱館へ移した。天明五年（一七八五年）のころ箱館の戸口は松前に比べて三分の一にも足らなかった。それは松前藩が治庁を松前に設けて城下の繁栄を図ったからである。

寛政一一年（一七九九年）、松前藩は幕府の命をうけて東蝦夷地を直轄した。以来箱館はきわめて枢要の位置となり、移住者もおいおい増加したのである。有名な高田屋嘉兵衛《たかだやかへい》（注）のごときも実に当時の移住者であった。

【編者注】高田屋嘉兵衛…江戸時代後期の廻船業者。蝦夷地函館に進出し、国後・択捉間の航路を開拓。魚場運営と廻船業で富を築き、函館の発展に貢献する。当時、文化露寇《ぶんかろこう》と呼ばれるロシアの日本の開国を求めた軍事行動によって、日本のロシア感情は極めて悪化しており、ロシア軍艦の船長ゴローニンが拘束されるゴローニン事件が発生。嘉兵衛は交渉のための人質にされカムチャッカに連行されるが、日露交渉の間に立ち事件解決を導いた。

享和元年（一八〇一年）、内澗町（今の末広町）の海岸を埋め立て造船所を設けた。

享和二年、箱館奉行を置いて以来漸次戸口を増加し、文政（一八一八〜一八三〇年）の初めごろには戸数千余りを数え、沖口番所の収納金参千両に達した。

文政四年（一八二一年）、再び松前藩の管轄に復し、松前は大いに景気を回復した。それに反して箱館はやや不振に赴いて高田屋金兵衛が処刑（注1）せられて後、松前、江差《えさし》（注2）に拮抗《きっこう》すべき巨商はなかったが、一般の進運に伴って漸次戸口を増し、嘉永三年（一八五〇年）には戸数一、七四九、人口九、四八〇人を有するに至った。

【編者注】（注1）高田屋金兵衛…嘉兵衛の弟。嘉兵衛の隠居後、高田屋を継ぎ松前藩の御用商人となる。嘉兵衛の死から六年の後、密貿易の嫌疑を掛けらる。嫌疑は晴れたが、ゴローニン事件の折、嘉兵衛がロシア側と取り決めた「旗合せ」（襲撃を避けるための旗印の約束）を隠していたことをとがめられ、所払いとなって高田屋は没落した。
（注2）江差《えさし》…函館・松前とともに北海道において最も早く開けた地域の一つで、江差追分の発祥地。渡島《としま》半島の西岸に位置する。

安政元年（一八五四年）、アメリカの水師提督ペリーは軍艦数隻を率いて箱館に来た。同年六月幕府はまた箱館に奉行を置いた。

安政二年、蝦夷地を収めて幕府の直轄とし箱館は再び本道第一の要地となった。

安政三年、弁天砲台を築いた。これこそ本邦における最初の洋式砲台であった。箱館戦争に名高い五稜郭の築城もこの年に着手した。

安政四年、各地頭に銭座、瀬戸座を設けた。

安政六年、本願寺官許を得て一、五八〇間の新渠《しんきょ》を掘り、亀田川の水を湾内に注ぎこれを願乗寺川と称した。この年、開港互市を許され、アメリカ、ロシア、イギリスの領事館が開設された。

万延元年（一七六〇年）、松川弁之助らは地蔵町の海面二万余坪の埋立地を竣工《しゅんこう》し、奥地から移住するもの増加し、また商業もおいおい繁栄となり、特に中国へ輸出する昆布その他の海産物はますます有望となった。

慶応三年（一八七〇年）、戸数四、二五二戸、人口一八、六〇〇余人に達し、松前を凌駕《りょうが》するに至った。

明治元年（一八六五年）四月、箱館裁判所置かれ箱館府と改めた。同年十月、榎本釜次郎、大鳥圭助ら徳川幕府を脱走しこの地に拠る。

明治二年五月、激戦の後平定したが、市民の多くは兵火に罹《かか》り一時疲弊《ひへい》に陥ったが、同年七月、開拓使札幌に置かれ箱館に出張所を設けてのち、人々安堵して漸次回復した。同年八月、箱館を「函館」と改めた。

明治四年三月、郵便事務を開始し、六月、函館札幌間の電信開通す。同年八月、函館青森間の海底電信沈設とともに当地の通信機関はやや備わった。

明治七年八月、開拓使は付属船を函館青森間の郵便定期船に当て、十一月、三菱会社は東京函館間の定期航路を開いた。

明治八年、御蔵地跡を町画して宝町を設け、西浜町続きの海岸を埋め立て幸町を設けた。

明治一五年二月、開拓使廃せられ、函館県が置かれた。

明治一九年、北海道庁札幌に置かれ、函館県は廃せられて支庁となった。

明治二一年、願乗寺川を埋め亀田川の末流に新川を設けた。この年に人口六万に供給すべき水道工事に着手した。

明治二七年、二十三万余円の公債をおこして水道増設工事に着手した。

明治二九年、函館山（臥牛山）は陸軍省用地に編入された。

明治三〇年、水道増設工事竣成《しゅんせい》して人口十五万人までに供給し得るようになった。

明治三二年七月、要塞地帯法発布せられて以来函館山へ登ることを禁じられた。同九月、亀田村の一部を函館に編入し、同十月一日、区制施行とともに函館区と改称せられ、当地の戸数一四、七八四戸、人口八二、五四七人、四十五個の町村を有した。

明治三三年、旧弁天砲台先の海面を埋め立てこれを新浜、仲、帆影、小舟の五カ町に分かった。若松町の埋め立てもこの年に竣工した。

明治三八年、豊川町に区役所が新築された。

明治三九年、函館小樽間の鉄道開通し、また同年十二月、東川町を東川、旭、栄、東雲、松風、新川の六カ町に分割した。

明治四〇年四月、鉄道院は函館青森間の連絡航路を開始した。かくして時代は大正にうつり、一一年、市制布《し》かれて日に月に繁栄の歩を進めて現今に至ったのである。

付記　あらためて函館港を去るにのぞみ、札幌《さっぽろ》、小樽《おたる》、倶知安《くっちゃん》駅に出迎えられし主なる人々および函館桟橋駅まで見送られし人名を記す。

札幌駅　土屋和雄、布川清四郎、柳沼よしゑ、草野喜太郎、山本清三、大勝広吉、坂井松太郎、越原、伊藤弥一郎、布川よね、佐藤りゆ、相沢みよ、金森くめ、鈴木条吉、同いぬよ、布川とし、同せつ、同とせ、同勝哉、矢野みさ、坂井ちゑらの諸氏。**小樽駅**　山本堪平、大倉常蔵らの諸氏。**倶知安駅**　坂東忠吉、同力松、同夫人、藤嶋源太郎の諸氏。**森駅まで出迎え**

良知源三郎、松家誠忠、西山きくの諸氏。**函館桟橋駅** 斎田与四郎、同のぶ、宮西豊蔵、木村博介、坂本あさ、小林健雄、吉田藤太郎、本間船吉、添田繁蔵、中川豊見、同登美枝、本間まさ、荒谷たけ、同悦、佐賀みさを、良知みつ江、同さき、同照通、吉田とよ、藤田きん、松本みん、西山きく、長野きい、増田きみえ、増田俊、同雪、同照、同彰、同律、同修三、同倫、大沢初太郎、同たいの諸氏。

海上渡航に幸多きわが一行は、函館港より巨船 津軽丸に搭乗し、金波銀波の輝く水面緩やかに浮かびいづれば、恵山の峰 海面に立ちて、はるかにわれを見送り、斗南《となみ》半島 左前方に横たわりつつ、われを迎うるに似たり。北海道根室の旅には句仏上人と同車したるに、今回はまたキリスト教の異端者と目されつつある巨人内村鑑三氏（注）と同船の客となれるぞ不思議というべし。ことに良知宣伝使は津軽丸の一等機関士なるため、全ての点において都合よく、便宜この上もなかりしを感謝す。波静かなる船室にありて昨日よりの旅行や滞蝦中の雑感 胸に浮かびしままに、前後不揃《ふぞろ》いながら左の腰折れをものしたれば、筆の序《つい》でに記しおくなり。

【編者注】内村鑑三…キリスト教思想家。足尾銅山鉱毒事件について実態を唱え、日露戦争には非戦論を主張。日本独自の無教会主義を唱え、信仰を聖書にのみ基づくべきと主張した。『代表的日本人』の著者。

寝台に横たはりあればブラブラと船に酔ひたる心地せしかな

北海の旅も漸《ようや》く帰り路に就く此《こ》の夕べ寝台に臥《が》す

何事もやれば出来ると教ふれど心なき人矢張《やはり》駄目なる

一生の中に一度の幸運を取り外しなば終生苦しき

成る様により成らないと捨て鉢になつて了《しま》へば神守りあり

寝台の二階に梅風と睨《にら》み合ひ揺られて胸の苦しき夜半《よわ》かな

大学の門を潜《くぐ》りし洋服のさらせる店の秋の日淋《さび》しも

赤門を出たりと云へる若者の度々訪《と》ひ来ぬ保険勧誘に

陽《ひ》は入りて物音一つ無き丘の露ふみ行けば何か淋しも

北極の星のまたたき冴ゆる夜に町をし行けば物の淋しも

海原の底に秘めしかあら浪《なみ》の今日立つ吾に見せぬ長閑《のどか》さ

雛鶏《ひなどり》の覚束《おぼつか》なげに啼《な》く声を夢の如《ごと》くに聞くあしたかな

十七の春に身亡《う》せし愛《いと》し娘《ご》の霊《たま》に供へぬ雛菊《ひなぎく》の花

そよそよと船の甲板吹く風のわが頬《ほほ》を冷たく撫《な》でて行くかも

ふらふらと天窓《あたま》の重き船の上に波の囁《ささや》き聞くぞ眠たき

逆しらを夢にも知らぬ乙女子の清き言の葉光ありけり

落葉松《からまつ》の若葉に照れる秋の陽《ひ》の静かに暮るる丘の上の家

秋の陽のしみる夕べの丘の上に桔梗《ききょう》の花の紫かたまる

街路樹の下陰選《え》りて行く夏の眼に淋しけれ青葉の埃《ほこり》は

雨蛍《ほたる》壁のおもてをしばし這《は》ひていづくとも無く飛び去りにけり

渓《たに》底に温泉の棟一つ見えて姫百合《ひめゆり》咲けり流れ覗《のぞ》きつ

秋晴れの庭のおもてに微風《そよかぜ》の立ちて震へりコスモスの花

黄昏の丘に穂芒《ほすすき》打ちなびき三日月清く光り初めたり

朝晴れの大沼公園風清く駒ケ岳見ゆ上から裾《すそ》まで

天地の明るさをのみ吸ふ如《ごと》き汝《なんじ》の瞳を懐《おも》ふ旅かな

賤《しず》の女《め》の砧《きぬた》打ちつつ隣り家の女と高く語り合ふ秋

洗面場鏡曇りて朝寒き風面吹けり秋の汽車の上《え》

磯の辺に真赤く錆《さ》びて繋《つな》がれし船淋しくも秋更けわたる

波の音はいやさやさやに耳に入りて枕の位置を代へて見しかな

いたましき程牡蠣殻《かきがら》の喰ひつきし古船浮けり汀《みぎわ》ちかくに

函館の港も狭く見ゆるまで船つながれぬ秋晴れの空
隣室に女のあまき声のして眠れぬ船路の浪《なみ》の静けさ
広々と心も澄めり此《こ》の海の浪に照り映《は》ゆ秋陽《ひ》の影は
大船は静かにゆれて浪の穂に輝く日かげの暖かなるかな
青森の港間近く陽《ひ》は映えて浪静かなり津軽丸行く
青山のいと長々と青き海のあなたにかすみて秋の日暮れ行く
青森の桟橋ありあり眼に入りて船脚鈍くなりにけるかな

津軽丸はようやくにして港に入るや、遠近より集まれる宣信徒あまた、神旗や手旗を打ち振りながら、宣伝歌を合唱しつつ、わが一行を出迎え待てるあり。一々黙礼しながら、十数台の自動車を買い切りて、青森市街を横断し、一同 青森東北分所に入りて、休憩の後、神前祝詞の奏上を終わり、ただちに田端氏邸に入りぬ。

青森に波止場桟橋埋《うず》めつつ吾《われ》待ち迎へり宣信の群れ
十数台自動車並べ青森の分所をさして進みてぞ行く

青森港に迎えたる主なる人々左のごとし。

竹内千代吉、前田長吉、同夫人、古川荘次郎、同夫人、今きよ、中野れん、住吉夫人、中田もと、相島久治および家族七人、石井福太郎および家族五人、境定市および家族四人、江良啓一、荒谷夫

青森県　八甲田山の遠望

青森港　桟橋

人、菊地ふじ、沢島忠八、佐藤茂吉、秋田もと、奈良いと、同きせ、同そん、同みや、同みき、同きく、平井徹、同亥子雄、蝦名文吉、須藤さだ、同正一、奈良源太郎、奈良市寸、石井豊徳、成田守村、奈良兼次郎、村上与一、西村光次郎、山崎健三郎、福士はや、田端さき、同あい、佐藤ちよ、同国雄、同みね、同雄蔵、奈良博泰、長谷川清一、鎌田伝治、三上しん、竹内栄助、玉田修三、奈良あさ、同ゆき、長谷川由次郎の諸氏。岩手県より菊地盛一郎、佐藤直文、萱場精一郎、勝又六郎の諸氏。青森県大湊より小笠原鮮明、ならびに下北支部より菊地広氏。仙台より佐藤正氏。

昭和三年九月八日出、出口宇知麿の書状の一部を記念のため左に記載すべし。

（前文省略）

聖師様宛にて西村光月氏より無事着巴《パリちゃく》のご礼状をよこされました。

また東京の中谷武世氏からは今朝、アフガニスタン首府カブールにおいて開催さるるアジア民族会議に関しご指導仰ぎたく拝趨《はいすう》願いたき旨、信書が参りました。中谷氏は過般プラタップ氏とともに天恩郷を訪問された人です。

神劦《しんしゅう》別院より左の報告がありました。

勾玉《まがたま》池（三間に五間）九月七日完成、新殿鎮祭式九月九日午後三時、湯殿便所立柱式九月十五日ごろ。

御田村夫人は今朝夫君お見舞いのため東京へ。御田村主事は別に異状なく漸次快方の由、大谷恭平氏は桐生前橋などにて結構なるお陰を頂き本日帰亀せり。

栗原白嶺氏は新潟市新潟新聞社楼上において講演、聴衆二百、五日、寺泊 藤田旅館にて講演、来聴者百三十名。六日同所、七日は小松、八日は大聖寺と盛んに活動。

過ぐる八月三十日の大毎宗教欄に「天理教事件に鑑みよ」と題して日本キリスト教連盟総幹事 海老沢亮氏が掲載されている一文中に大本に関する記事があったので、これが反駁《はんばく》をすべく土井大靖氏の投稿された「大本の一信者として海老沢亮氏に与う」と題する一文が本日の宗教欄に発表されました。

これではキリスト教側も黙してはいまい、との噂《うわさ》。

同九月九日

大国伊都雄氏中井氏と所有山林のことに付き三島へ出張一泊。

中野祝子夫人四国高松へ帰郷の途立ち寄られ夕方出立。

西村光月氏より来信（八月十二日、十四日パリにおける）ブルガリアに人類愛善会ズプニカ支部新設。

スウェーデン国のエスペラント連盟より全国宣伝旅行を計画し、

西村氏に日本に関する講演を幻灯《げんとう》を用いてやっていただきたいとの申し込みがあったので、大本の宣伝もする了解を得て来年の一月より旅行せらるる模様。（後文省略）

外国のいや果てまでも開け行く大本の道偉大なるかな　　高木

東京在 御田村主事より、青海王一行三人 青森へ伺うとの電報あり。次に対馬に出張せる宣伝使上村、石田両氏および日光川分所より安否伺いの電報来る。

どこもかも岩戸開きの大神業　　高木

高木神命《みこと》に岩戸は開きけり　　閑楽

敷島の道に照され愚かなる吾《われ》も御前に歌を捧げん　幸月

幾度も歌もて遠く安否をばたづぬる君の風雅なるかな　閑楽

貴美《きみ》居《い》ますはるけき国を偲《しの》びつつ仰ぐ月かげなつかしきかな　幸月

天恩郷月の光も冴《さ》えぬらむ吾 在らぬとも神居ます苑《その》　閑楽

師の君の帰ります日をまつ虫の声うるはしき秋の神苑　幸月

神苑にわがまつ虫の声さえて月かげ清く照り渡るらむ　閑楽

永々の旅の疲れをよそにしてみのり伝ふる貴美ぞ畏《かしこ》し　史実課一同

霊《ひ》の元の艮《とどめ》を刺して巡教のみち安からむ北海の旅　同

長旅の疲れも珍《うづ》の御子の為《ため》思へば軽しエゾの宣教　閑楽

東北の旅にし出《い》でて主の神の厚き恵みに抱かれけるかな　同

家居さへ苦しきものを草枕旅なる岐美《きみ》の暑さ偲ばゆ　澄月

朝夕に吹く涼風に苦しさも忘れて安き東北の旅　閑楽

二つ三つ円き月かげ数へけり居まさぬ神苑《みその》の空を仰ぎて　澄月

満ち欠けの月いく度か仰ぎつつ神境偲ばる旅の空かな　閑楽

千秋苑百花千花咲き出でて岐美の帰りをひた待ちがほなる　鞍月

神苑の花のさかりは惜しけれど詮すべなみにエゾの花見し　閑楽

秋暁の双眼鏡の山青き（駒ケ岳）　香鹿

秋晴れて明るき沼や駒ケ岳（大沼）　鳴球

九月十八日　　於 青森 田端氏邸

昨夕、御田村主事より青海王一行明朝六時二十五分青森着汽車にて訪問さるべしとの電信に接し、宵の間より心組みに待ちいたりしが、北海道の旅に疲れて思わず朝寝をなし近侍に揺り起こされて直ちに風呂に入り顔面のひげの整理をなせる折しも、早来着との報にあわて衣服を着かえ居間に帰れば、岩田、吉原両宣伝使の先導にて青海王 国民代表会議議員右翼《うよく》 札薩克輔国公《ささつくほこく》二十九旗代表として雅楞丕勒王《ヤーロンペーロツ》および陸軍大佐 松井清助、大崎正吉の二氏を伴い来臨あり。直ちに奥の間に案内し、初対面のあいさつを交わし朝飯を共にし、それより王を招待せんと自動車数台に出口王仁、雅楞丕勒王《ヤーロンペーロツ》、松井大佐、大崎宣伝使同車、岩田、吉原、梅田、高麗、谷前の一行をはじめ、田端雄蔵、堤嘉吉、佐藤直文、勝又六郎、小笠原鮮明、佐沢正、菊池広、一段と目立ちて背の高い長谷川清一の諸宣伝使とともに田端家を立ちいでて風景よき海岸線を馳《は》せながら浅虫に到着。ただちに水族館をいちいち観覧し終わって浅虫駅前なる東奥館に入り、温泉浴を終わり、昼飯を共にし、記念の小照を撮る。

雨煙る青森湾を眺めつつ聖地の御子《みこ》に絵葉書を出す

はるばると東北の旅かさねつつ聖地恋しき秋の夕暮れ

北海の旅を終はりて今日一日休みけるかな浅虫の温泉《ゆ》に

津軽不二遠くかすみて浅虫の浜辺の湯屋に静雨のふる

青森県　浅虫温泉　東奥館における出口聖師および青海王　他一行

浅虫　帝国大学付属水族館
（出口聖師、青海王と清遊の地）

青森県　浅虫温泉　海上の湯の島

津軽湾雨に煙りて湯の島に立つ白煙り波の上《え》を這《は》ふ

秋雨のふる里遠く旅に立ちて津軽の浜に今日は安居す

凪《な》ぎ渡る津軽の海の静けさは女宗匠の心に似しかな

湯の島に立つ白煙りながめつつ書をかく窓に秋雨の降る

珍しく凪ぎ渡りたる津軽湾を静かに秋風水茎《みずくき》描けり

海中に青く浮べる湯の島の煙静かに雨に這《は》ふ今日

珍しき魚の浮遊せる有りさまをまのあたり見し水族館にて

天恩郷遥《はるか》かに空をながめつつ更け行く秋の旅の空かな

萩の家の萩の盛りの花の顔見むすべもなき遠《とお》の旅かな

青海王倶《とも》に半日遊びけり浅虫旅館の海辺の清間に

浅虫温泉は東京府上野駅を起点とし東北本線に沿い四百四十七カイリ七チェーン（約八二八キロメートル）、その北端青森駅を東に去る九カイリ五チェーン（約一六・八キロメートル）の浅虫駅所在地にあり。青森よりは定期乗合自動車の便も備えり。

伝えいう円光大師（注）外ケ浜に巡錫《じゅんしゃく》してこの地に来たりたる時、蒸気沸々として騰《のぼ》る叢《そう》中に牝鹿《めすじか》の温泉に浴せるを見、その効験あるを知り、初めて浴場を設けしめたりと。これすなわち当温泉の濫觴《らんしょう》なり。しかれども現地人湯を恐れて浴せず、ただ布を織る麻を温泉に浸して蒸すのみなるをもって麻蒸《あさむし》の湯と呼ぶに至りしが、後いつか浅虫に改められたりといろ。

【編者注】円光大師…鎌倉期の僧、浄土宗の宗祖、法然のこと。五百年遠忌以降、五十年ごとに天皇より大師号を授けられており、円光はその最初のもの。

浅虫は東西南の三方は崗陵《こうりょう》を連ね、西地は青森湾に臨み海上指呼の間に大小の島嶼《とうしょ》絵のごとく碁布《ごふ》し、海水は清澄に緑樹影を沈めてこの間に白鴎《しろかもめ》の飛び交うなど、その絶景は多く他にそのたぐいを見ず。ことに設備整える遊覧船を賃して島回りを試みんか興趣さらにひとしおである。

島々その他の名勝と古跡を案ずるに、湯の島は海上約十町（約一・一キロメートル）、湾の中央に屹立《きつりつ》せる円錐形の島嶼にして周囲一里（約三・九キロメートル）、全島欅《けやき》、松、桜などをもって覆わる。小祠《しょうし》あり弁才天を祭る。周囲には蜊《あさり》浜、姥ケ岩《うばがいわ》、材木岩、稚児ケ岩《ちごがいわ》、俵岩《たわらいわ》、鮫穴《さめあな》、松島などの奇勝あり。浅虫より自動艇遊覧船の便ありて舟遊び釣魚《ちょうぎょ》に適し浅虫第一の勝地なり。

裸島は亀甲崎の尽端 巨岩二十余丈（約六〇メートル余り）海中に屹立し、全島樹木なきものこれを裸島となす。海深くして潮花常に礁頭を洗い、清風絶えることなし。干潮すれば歩みてゆくべし。浅虫よりこの島に至る海岸数丁（注・一丁は約一一〇メートル）、亀甲ケ浜と称し、怪石、奇石の起伏多くして浴後の逍遥《しょうよう》に適し、また遊客の釣り糸を垂れ貝を拾うもの多く、山上の眺望すこぶる佳《か》なり。

楯に似し岩めぐり鳴く千鳥かな　　碧梧桐

鴎島《かもめ》は一名権現島ともいう。裸島の西北五町（約五四五メートル）に位せる小島にして全島芝生をもって覆わる。遠く臨めば青螺《せいら》（注・青色のほら貝）の浮かぶがごとし。鴎群来して孵化《ふか》保育するをもってこの名あり。

茂浦島は浅虫の北方一里の海上にあり、大正七年（一九一八年）、日魯漁業株式会社本島に養狐場《ようこ》を設け、その後日本毛皮株式会社の経営に移り現に数十頭の黒狐を飼育す。本州にての養狐場は本島をもって嚆矢《こうし》とす。

二子島は浅虫の北東二里の海岸にある仙境にして、大小二個の岩石対峙《たいじ》せるによりこの称あり。外に鷲ケ鼻《わしがばな》、鏡岩、二階堂などの奇岩あるいはそびえあるいは横たわる。この島、潮の満干と天候によりこれを望むに、その形を異にするが故に一名化ケ島ともいう。舟行聊か《いささ》遠きの憾《うらみ》あるも途上の風光と釣魚の快とは一度来遊せるもののその名を忘れざるゆえんである。

大島の風光の勝《すぐ》れたる、他の諸島に遜色《そんしょく》なし。この辺り、浅虫海岸一帯、潮干狩りの好適所にして、魚介の繁殖おびただしく、その期の人出盛んにして殷賑《いんしん》限りなし。

明治天皇御少休所と御野立遺跡

一、浅虫御少休所御跡

浅虫字《あざ》坂本（俗称・平）にあり、明治天皇明治十四年八月二十一日東北ご巡幸の時御少休所としてはるかに津軽富士の雄姿を眺めたまいし御跡なり。

二、久栗坂《くぐりざか》御野立所御跡

久栗坂と浅虫の中間善知鳥《うとう》前付近にあり、明治天皇、明治九年七月十四日、東北ご巡幸の時ここに御野立所を設《しつ》らえ、村人が鯛網を引きて天覧に供し奉れる御跡なり。

三、野内御少休所御跡

野内神職柿崎邸内にあり、明治天皇、明治九年七月十四日、東北ご巡幸の時、ご休憩あらせたまいし御跡なり。当時の建物は明治二十年烏有《うゆう》に帰したるも、のち旧観を保ちて建築せり。また当時ご座所に用いたまいし三枚の襖《ふすま》は幸いに災いを免れて今なお存す。津軽藩士 小島左近《さこん》の描きし六歌仙なり。

四、野内御少休所御跡

野内字浦島（俗称・清水）にあり、明治天皇明治十四年八月二十一日、東北ご巡幸の時、御少休所に充て参《み》らせ、洋々たる青森湾および下北半島をご賞覧あらせたまいし御跡なり。

浅虫遊園地は旧津軽藩士の馬場跡なる馬場山にあり。天与の位置と明媚《めいび》なる風光とはおのずから浴客の無聊《ぶりょう》を慰む。山道には三十三観音を安置し、桜花の美観すこぶる賞するに足る。

三茶屋は善知鳥《うとう》前の山上にあり、天下茶屋、中の茶屋、鍵懸《けんけん》の茶屋の総称にして旧藩主の遊山をなせる所なり。天下茶屋は一名千畳敷と称し、眺望最佳に現今同所に「スキー」場を設く。中の茶屋はまた馬場山と呼ばる。鍵懸の茶屋は大津軽小津軽の境にありしも近年山を切りて道路を造りたれば、今やその跡を認むるに由なし。

見晴山のパノラマ台の展望は広闊《こうかつ》にして、浅虫の全景を一望に収め絶景筆舌の尽くすところにあらず。

蝦夷館は八幡山うしろ約十丁（約一・一キロメートル）の所にあり、往昔、蝦夷この山上に塁《とりで》を築き剽盗《ひょうとう》をなし横暴至らざるなし。田村麻呂将軍これを討たんとするも塁堅くして抜き難し。たまたま「佞武多《ねぶた》」の計を用い置酒して歌い舞う。その笛鼓《ふえつづみ》の声山谷に響きて塁砦《とりで》に達す。酋長《しゅうちょう》赤治鬼《あかじき》なるものこれを見んとして秘かに塁を下る。将軍虚に乗じて一挙にして攻め落とす。津軽地方の佞武多《ねぶた》なるものこれより始まるという。

善知鳥前栈道《うとうさんどう》は浅虫を隔たる西方十町（約一・一キロメートル）の岬頭にあり。今は隧道《すいどう》（トンネル）および道路開鑿《かいさく》せられたるも、海中奇岩断続し怪石横たわり路傍絶壁高くそびゆるなど、栈道《さんどう》往来の当時を彷彿《ほうふつ》せしむ。青森善知鳥《うとう》神社第一の鳥居ここにありたるをもってこの名あり。伝え聞く、往昔、藤原泰衡《やすひら》の臣 大河次郎兼任この嶮《けん》（注・高く険しいところ）によりて源頼朝の追討を拒守せし所なりと。路傍隧道の上に赤治の窟《くつ》と呼ぶ岩窟あり、夷《えびす》の酋長赤治鬼なるものこの窟に住せりといい、また兼任敗走の時武器を蔵《おさ》めたりともいう。

貴船神社は野内の東端鷲尾丘の中腹に鎮座せし村社にして高龗《たかおかみ》の神（注）を祭る。大同二年（八〇七年）坂上田村麻呂創《はじ》めてこの地に勧請《かんじょう》し、文治五年（一一八九年）源義経 北海渡航の途次ここに淹留《えんりゅう》（注・長くとどまること）し、崇敬特に深く、その旧跡境内付近に存す。元禄九年（一七〇三年）津軽藩主信政領内四社の随一と定め、さらに祭祀の実を挙げ年次五穀を祈り、今において霊徳地方にあらわる。境内大杉鬱蒼《うっそう》として昼なお暗く森厳の気おのずから襟《えり》を正さしむ。

【編者注】高龗《たかおかみ》の神…日本書紀に見える神。伊弉諾尊《いざなぎのみこと》が軻遇突智神《かぐつちのかみ》を斬ったとき生まれたとされる。古事記に登場する闇於加美《くらおかみ》の神とともに雨をつかさどる神として信仰される。「龗《ろう》」は雨の音を形容する漢字。

八幡宮は浅虫の西南丘上に鎮座す。弘安五年（一二八二年）の創建にして誉田別尊《ほんだわけのみこと》（注）を祭る。歴代藩主の信仰篤《あつ》く、近年また宏壮なる神殿を築きて氏子の崇敬特に深し。境内老木古杉茂り、浅虫市街を眼下に瞰取《かんしゅ》し、湯の島、裸島、臨海実験所などの眺望また佳《か》なり。

【編者注】誉田別尊…第一五代応神天皇。懐妊の身で三韓征伐を行った折の神功皇后《じんぐうこうごう》の子。ゆえに胎中天皇とも言われ、八幡神として武家の信仰を集める。

浅虫夢宅寺は浅虫の南端、木地挽山《きじひきやま》の麓にあり。慈覚大師（注）巡錫してこの地に来たり、薬師如来および地蔵尊を刻し辻堂に安置せるを本尊とせり。延宝二年（一六八八年）僧 浮鐵鉄の開基に係り、元禄六年（一六九三年）五月再建して薬師堂と称す。貞享甲子年（一六八四年）津軽藩主 信政 眼疾を患いこの地に浴し、祈願を込めたるに満願日、夢に快癒《かいゆ》して居城の庭園を逍遙《しょうよう》し、覚めれば疾 全く癒《い》えたり。公 大いに喜び夢宅の二字を染筆し、かつ永年十二俵の禄《ろく》を賜《たま》い、代々藩主の祈願所となしたり。夢宅寺の称これより始まる、三十三観音第二十三番の札所なり。

【編者注】 慈覚大師…第三代天台座主の円仁《えんにん》。最澄に師事し、入唐を果たした八人の僧のうちの一人。

久栗坂《くぐりさか》観音寺は慶安四年（一六五一年）六月浄土宗僧良伯の創立に係り、元櫓崎《やぐらざき》岩屋観音と称したるに、享保年間（一七一六～一七三六年）僧 清南この地に来たり岩穴の観音像を拝し、村人に諭して草庵《そうあん》を建設せしめ、鴻前庵《こうぜんあん》と唱えしが、その後、観音寺と公称す。堂宇荘麗にして眺望すこぶる佳《か》なり。岬頭に験潮機の設けあり。また奇岩の起伏せる小径《こみち》を伝いゆけば三十三観音を安置せらる。

錦木《にしきぎ》の塚は久栗坂《くぐりざか》の西端にあり。口碑伝うるところによれば、天長年間（八二四～八三四年）平将門の臣 善知鳥文治安方《うとうぶんじやすかた》の妻錦木《にしきぎ》 夫の跡を慕い来たり、この地において二豎《にじゅ》（注）に冒されついに悶死したれば、里人これを憐み遺骨を葬り、桑の木一株を植え墓標となし錦木塚と唱えたる跡なりという。また一説には、往昔、陸奥《みちのく》の男女 相会わんとするときその女の家門に立てて標《しるし》となし、木片長さ一尺ばかりまだらに美しく彩りて飾る。もしその心に従わんと思うほどなればその錦木を程なく取り入れ、また会うまじき男なれば取り入ることなし。しかも千束《たば》を限りに立てれば、ついに取り入れて会いたりと伝う。

思ひかねけふ立ち初《そ》むる錦木の千束《ちつか》も待たで逢《あ》ふよしもかな　　大蔵卿匡房

【編者注】二豎《にじゅ》…病魔、転じて病気の意。中国は晋の時代の景公が、病魔が二人の子供（豎）になり、良医をおそれて肓（胸部）の上、膏（腹部）の下に隠れた夢を見た故事による。

龍の口は、野内貴船神社の西麓怪岩、あたかも龍の巨口を開きて人家を呑《の》み一躍海中に飛び入らんとするごときもの、これを龍の口と言う。この奇岩八つ並びてあるが故にまた八つ頭とも呼ぶ、真に壮観なり。この頂上に鷲尾園あり、前面には青森平原展開して村落点在し、さらに湾内を一眸《いちぼう》に収めて遠く津軽富士の雄姿を眺め、右顧《うこ》すれば下北半島およびはるかに函館山を望むことを得、眺望佳《か》なり。

野内川は野内、原別両村を境する清流にして、元禄年中（一七一六〜一七三六年）津軽藩公の移殖せる白魚繁殖し、毎年五月の候、盛んに遡上《そじょう》して白魚狩りの遊客すこぶる多く、河畔には清楚《せいそ》なる売店の設けあり、一日の清遊に適す。また鮎《あゆ》、鰍《かじか》、鯱《はや》、沙魚《はぜ》、鮭《さけ》、鰌《どじょう》などの漁獲あるをもって釣客の常に絶えることなく、真に初夏より晩秋にわたる無上の行楽地としてその名高し。

臨海実験所、浅虫を距《へだた》る北方約十町（約一・一キロメートル）亀甲岬の尽頭にある東北帝国大学の臨海実験所は、近海に棲息繁茂する海中動植物の生育状態を実験研究するところにして、ほかに官舎および学生寄宿舎などあり、畑井博士の計画になる。海中実験室は学界における世界的最新施設なりという。

水族館本館は臨海実験所付属建物にして、大学において研究の傍ら一般民衆の水産動植物に対する知識の開発に資するものにして、幾多の珍魚奇貝《きばい》が岩礁礫砂《れきさ》の間に出入遊泳し、名も知れぬ海藻類の繁茂する実際を見ることを得。最近見学のため各学校修学旅行団体の参観、年を逐《お》うて多し。

英米石油会社油槽所および倉庫など一万二千坪（約三九、七〇〇平方メートル）の建物あり。

いずれにしても名所多く、風光絶佳にして、殷盛《いんせい》を極めたる所なり。わが一行かかる勝地 東奥館にありて、遠来の珍客を迎え昼飯を共にしたるは、旅行中の最も奇縁というべし。

午後二時二分の上り汽車にて青海王一行は東京に向かって帰途に着く。岩田、吉原、堤、田端ほか宣使、駅まで見送る。

青海王めでたくわれと師弟の約なり歓喜して帰りたる後に、近侍と一室にありて海面を眺めつつ、聖地の人々に送るべき絵葉書に歌など書きて興じる折もあれ、王を送りたる宣使一同は、無事ご出発ありしを報ぜり。

午後三時東奥館を辞し、浅虫駅より乗車、青森に引き返す。

凪《な》ぎ渡る海のおもてを眺めつつ一行十四青森に向ふ

裸島双児の島の風光に名残おしみつ帰り路につく

アカシアの彼方此方《あなたこなた》に茂る見えてトンネル潜《くぐ》れば葦原に出《い》づ

山焼のあとありありと見えながら岩根の木地の現はれにけり

雨けぶる凪ぎたる海に二つ三つ漁船静かにうかぶすがしさ

野内駅来たれば庭の月見草雨にぐなだれ眠るに似たり

月見草所せきまでさかえつつ貴船《きふね》神社の森に雨ふる

黄金の稲田の波をへだてつつ静けき海の波を見て行く

空遠く八甲田山けむりつつ津軽平野に秋雨のふる

右左若松林青々と茂れる中を走るすがしさ

老松の林汀《みぎわ》に立ちならび風光清き浪打《なみうち》の駅

雨の汽車ゆられゆられて漸《ようや》くに浦町《うらまち》駅につきし吾《われ》かな

自動車を数台つらねて雨そぼつ市街をかけて田端邸に入る

中学の校長秋田賢吉氏夕刻訪《と》ひ来ぬ田端氏館に

○

蝦夷ケ島《えぞがしま》白菊の花かをりつつ秋せはしげに更けにけるかな

雨けぶる青森湾をながめつつ聖地の御子《みこ》に絵葉書を出す

和田の原わが行く先に凪《な》ぎ渡り安く進みぬ宣伝の旅

北の国島々巡りやうやくに帰り来にけり本州の地に

久しぶり内地の風光ながめつつ国にかへりし心地せしかな

青森に帰り来たりてまめ人を思ふ心のいやまさりつつ

浅虫の温泉宿に半日を消しにけるかな青海王等《ら》と

風凪ぎし青森港の夕暮れはむしあつくして蚊の声を聞く

人々の厚き心にほだされて長くなりけり北海の旅

湯の島の景色のよきに見とれつつ知らず知らずに半日くれたり

津軽湾渡りて青森市に着けば静かに降りぬ仲秋の雨

天恩郷菊の盛りは知らねども清く見しかな蝦夷ケ島根に

空の果に五日の月はさえ乍《なが》らすげなく入りぬ青森の宿

数百里の旅を重ねて大御代の開けし恵み味はひにけり

○

やがてして秋降り出しぬ裸島（浅虫）　香鹿

さながらに海の底なり魚の秋（水族館）　鳴球

九月十九日　　於　青森　東北分所

朝来、秋雨しとしとと降り来たりて、四方小暗く風冷え渡る。

今日は先月 北海道へ渡る際、口約しおきたる分所の襖《ふすま》などに揮毫《きごう》の責任を果たすべく、雨の市内を腕車に揺られながら、午前十時ごろ分所に出張し、北海道巡教記念として北見の原始林を襖四枚に写し、次に二枚の襖には山水画をしたため、額面半切《はんせつ》など二十数枚の揮毫を終わり、待たせおきたる腕車に再び揺られながら、長谷川宣伝使の先導にて田端氏方に帰りしは、まさに午後一時半なりき。

昼飯間もなく石井豊徳、福原多三郎、山口なほ子、同よし子、佐藤つる子氏のほか数名の未信者の訪問を受け、しばし休憩の後、自動車二台を並べて岩田、吉原、梅田、田端、長谷川その他の諸氏とともに、市中の雨道を馳《は》せ堤川の大橋を渡り、市内栄町なる協成高等女学校に至る。

門前には数名の女学生傘をさして並列し、敬意を表しつつ校長室に案内す。校長 熊谷保吉氏 庭内に出迎え、一室に案内され茶菓の饗応《きょうおう》を受けつつ十数分の後、教室に入る。

五六〇名の学生整列して出迎う。まず学生の祝詞奏上終わり、校長の紹介によりて壇上に起立し、北海道、樺太《からふと》の見聞談を簡単に話し終わるや、記念の小照を撮り、岩田総務を演説のため後に残し、吉原、梅田、田端、長谷川その他の諸氏とともに校長その他に門前まで見送られ、午後四時半、無事田端氏方に帰りて休息せり。

依然として降雨 続き四辺 小暗く、旅行者の休養にも格好の日なり。


朝雨の市《まち》を腕車に揺られつつ揮毫のために分所に出《い》で行く

青森市　協成女学校　演壇上の出口聖師

午後よりは協成高等女学校に宣使伴ひ立ち出でて行く

青森市が、寛永（一六二四～一六四五年）開港以前は、全くの漁人村落で善知鳥《うとう》村と称し、西は安方《やすかた》漁師（注）、東は蜆貝《しじみがい》漁師が主なるもので、荒涼たる一寒村にすぎなかった。湾頭の小高き丘に浜松鬱蒼《うっそう》と繁茂して、一般にそれを「青森」と呼んでいた。

【編者注】安方漁師…現在、国の天然記念物となっているウトウの雛を、安方と呼ぶ。二二〇頁でも触れられているが謡曲ではよく知られている。

寛永の年、津軽信牧公港をここに開くに当たって、森山弥七郎の進言により、港名を「青森」と命名したのである。けだし青森の文字は、前記の丘の意味と松のますます栄えるに擬《なぞら》えて新港祝意を寓《ぐう》したものである。以来繁栄におもむき、維新に至っている。

すなわち明治四年（一八七一年）廃藩置県以来、県庁所在地となり、同二十二年町制を敷き、同二十四年 日本鉄道開通し、次いで同二十八年 奥羽線全通するに至って、いよいよ北日本海陸連絡地となった。同三十一年 市制を施行し、同三十七年には公衆電話架設せられ、同年 水道工事を起こし、同三十九年貿易港に指定された。同四十三年大火災に遭い全市ことごとく焦土と化したが数年にして復興を見、大正四年（一九一五年）青森港修築工事起こり十カ年を経て同十三年八月全部竣工《しゅんこう》した。外国貿易も逐年増加の趨勢《すうせい》を示し、鉄道省では大正十二年一月以来、青森浦町《うらまち》両駅の拡張、浪打駅の新設、海陸連絡の設備の完成、貨車航送、鉄道操車ヤードの新設に着手し、大正十四年 全部の完了を見た。

旧来の面目を一新して帝国における三大海陸連絡港の一に数えらるるに至った。

越えて昭和三年（一九二八年）四月、大都市建設計画のもとに造道《つくりみち》、滝内《たきうち》両村の併合を行い、続いて第二期築港拡張唱導せられ、将来ますます多事ならんとしている。

市内の商工業は大正六、七年よりにわかに活況を呈し、諸般の経済機関増設され、商工業者日に集中したために市況殷賑《いんしん》を極め、近年その人口戸数に著しき増加を見るに至ったのである。戸数は一四、八〇五戸、人口七六、七〇一人（青森市の世帯数 一三六、四五六戸、人口 二八二、〇六一人 平成三十一年四月現在）なり。

市内および付近の名所を調べれば、当地には**県社善知鳥《うとう》神社**あり。和歌に謡曲に名高き神社で、その祭神は中納言烏頭安潟《うとうやすかた》としてあるが、その草創の年代も詳《つまび》らかでない。また往古、社頭に大なる湖沼があって、漁家がわずかにあったころ、勧請されたと伝えられている。

寛永十八年（一六四一年）堂宇を再建してより歴代藩主の祈願所となり、明治六年（一八七三年）九月、県社に列せられた。社殿は同四十三年の大火災に罹《かか》りいまだ旧観に復するに至らない。境内には秩父宮、高松宮両殿下のお手植えの松がある。津軽伯爵の記念植松もある。

次に**合浦《がっぽ》公園**は市の東端にある。明治十年、旧街道勝景の地を区画して公園としたもので、海浜に臨んでいるのが特色である。園内には老松多く、近年保勝会が設立せられてより、毎年、桜樹や四季花卉《かき》の移植など漸次面目を改めている。海は遠浅でしかも白砂青松なれば散策にまた海水浴に訪《おとな》う者が多い。招魂堂は園の東方にあってはるかに八甲田山を望んでいる。園内に大正天皇ならびに秩父宮、高松宮両陛下のお手植えの松がある。

次に**八甲田山**は東津軽郡荒川村に属し、上北郡にまたがる八つの連山よりなり海抜五、一八〇〇尺（一、六〇〇メートル／現標高一、五八四メートル）、本県最高峰である。

集合火山で山頂に火口あり、奇勝多く加うるに高山植物に富み、目下、東北大学植物研究所設置の計画がある。山を下れば蔦温泉を経て十和田湖に出られる。健脚の士にあえて登山を勧む。ちなみに青森電灯発電所は瀑布大滝の水力を利用している。

次に**酸湯温泉**は、青森を距《へだた》る七里（約二七・五キロメートル）、八甲田山中の最高峰酸湯丘の西麓にある強烈なる硫黄泉で、三日の入浴をもって一回りとし諸種の病に特効がある。この地は海抜おおよそ三千尺（約九〇九メートル）の高度にあるので夏もなお涼し過ぎるほどである。頂上には一時間ないし一時間半にして登ることができる奇勝に富む。

次に**浅所はくてふ（白鳥）渡来地**。青森より一五カイリ（約二七・八キロメートル）東北本線小湊《こみなと》駅より十八町（約二キロメートル）の海岸浅所には雷電神社がある。加茂明神を祭り田村将軍の勧請に係ると伝えられている。この付近眼下海を望んで風光掬《きっ》すべく、夏季には毎年各地よりの臨海学校が開かれる。遠浅の海上に白鳥群れをなして浮かび「天然記念物、東津軽郡はくてふ渡来地内務大臣指定」の標は冬季見学の士を吸収している。

次に**椿山《つばきやま》**は小湊の北西三里（約一一・八キロメートル）、夏泊半島の尖端にある全山老椿をもって覆われ、花時その紅《くれない》海波に映じ、一瓢を携え観賞の士が多い。椿の発生について陸奥《みちのく》の昔をしのぶ可憐なる伝説がある。小祠《しょうし》あって椿神社といい、元禄年中（一六八八～一七〇四年）黒石藩公の創建である。

次に**内真部の森林**。津軽半島は世界に比類のない特種のヒバ材に富み、日本三大美林の一に数えられている。しかしてその中心地は内真部森であって、南より北にわたり一、六三〇余町歩（約一六一六・五ヘクタール）の広袤《こうぼう》を有し、全山ことごとく羅漢柏《らかんかしわ》にして整斎（注・よく整っている意か）たる林相鬱蒼《うっそう》としていわゆる昼なお暗い。この地は青森を距る三里（約一一・七キロメートル）、東津軽郡奥内村に属し、昔時、津軽藩主の造林に力を尽くし、当時入手せし模範林は、今はますます美林となっているのである。

○

昨日閉会を告げた東奥新聞社主催の文化展覧会第四会場には徳川時代をしのばしむる切支丹《キリシタン》宗禁制の珍書が陳列され、大いに興味を引いたものの一つとなった。あまたの古書中において津軽藩の制札条目の一部を原版のまま摘載すれば、天和二年春（一六八二年）越中守信政公時代に切支丹宗の禁制について書いたもので、広くわが国宗政史の一端を物語るものである。

定

一、切支丹宗門は累年ご禁制たり、自然不審なるもの有之《これあ》らば申しいづべし。ご褒美として

一、ばてれんの訴人　　　　銀五百枚

一、いるまん㊟の訴人　　　銀三百枚

一、立ちかえり者の訴人　　同　断

一、同宿ならびに宗門の訴人　銀　百枚

右の通りこれを下さるべし。たとえ同宿宗門たりというとも、訴人にいづる品により、銀五百枚これを下さるべく、隠しおきよそよりあらわるるにおいてはその所の名主ならびに五人組まで一類共に罪科可被行《おこなわるべき》者也。依而《よりて》下知如件《くだんのごとし》

天和二年五月　奉行

右仰出さるの旨趣《ししゅ》領分の輩《やから》急度可相守者也《あいまもるべき》　越中

憲法によって国民に対し信教の自由を許されたる現代と比較して宗教史上天淵の差あることを深く感じつつ、聖恩の難有《ありがた》きに鳴謝す。

【編者注】いるまん…近世初期のキリシタン布教時代の用語で修道士を指す。バテレン（パアデレ・神父）の次に位する宣教師。本来の意味は〝兄弟〟。

○

今日一日の雨日の休養、寸暇を盗みて当地方における面白き伝説を紹介すべし。

三《さん》の戸《へ》郡鮫村《さめむら》は、大昔、鶏塚と呼ばれていた。昔の鮫ケ浦の漁師たちは魚を釣るに鶏の餌《えさ》がよいということを知って、毎朝毎朝、鶏をくびり殺しては魚を釣っていた。ある朝、鶏の声に起こされて、村の漁師一同は沖へ出ると、空は容易に明けない。しかのみならず大風吹き荒《すさ》び、舟は木の葉のように漂うた。漁師は必死になって陸へ漕《こ》ぎ戻ろうとしたが及ばず。舟はたちまち覆り、乗り組みの人は一人も残らず、溺れて死んだ。岸の人々は幾日待っても出た舟が一隻も帰ってこない。やがて数日して海岸へ恐ろしく鶏の羽毛に包まれた舟の破片や人の死骸が打ち寄せられた。鶏を長年間くびり殺していた鶏の魂の祟《たた》りだということを村人は初めて悔いて、その寄せ上げられたものを埋めて塚を築き鶏塚と呼んだ。しかし村から働き手の全部を失った村は滅んでしまったのである。

しかしこの話は鮫村のみに伝わる話ではなく、同じ鮫ケ浜続き小舟渡の二十一という所は、昔二十一軒の家があった所であるが、鶏を魚釣りの餌にした祟りで、一村鶏の早鳴きに起こされ沖へ出て難船し、二十一軒の人たちは残らず死んで滅んだといい、今は打ち続く砂浜に波うけて寂しい場所になり変わっている。

また鮫村白浜のハイサキという所に二、三基の石碑が欠けこぼれて残されてあるが、これは鱈《たら》釣りに出た二軒の家の者が鶏の餌を用い、鱈釣りをしたが、朝早く鶏に起こされて沖に出ると急な大荒れになって、残らず死んだその家の墓であるという。

全て鶏肉を餌にすると油があるせいか、水の中ではよく光るので、魚の目につきやすく、烏賊《いか》釣りなどに用ゆると妙に釣れるものである。

○

九月十九日青森日報に「浜口総裁邸に糞《くそ》をまき散らす」と題して左の記事があった。

「十八日午前六時五十分、折からの雨をおかして小石川久世山の民政党総裁浜口氏邸に、洋服を着た三人の壮漢に指揮された十三名の印半纏《しるしばんてん》を着た労働者風の男が押しかけ、四斗樽《たる》に一杯詰め込んだ糞尿《ふんにょう》をかつぎ込み、バケツにわけて同家の玄関からワイショワイショと土足のまま座敷一面にこれを振りまき、大声をあげて『不祥の金で建てられたから黄金をまいてやる』といって、一台の自動車で姿をくらました。当日は総裁は大阪に向かって遊説のため出張して不在中なので、早朝書生と女中がいるのみで、周章狼狽《ろうばい》し、ただちに電話で大塚署に訴え出たので、署長以下係官出張して取り調べるとともに、警視庁からは、有松特捜課長、小野警部が急行、取り調べ中であるが、逃走の際に憲政一新会の不穏ビラをまいていったので、目下犯人厳探中である」

どこの糞野郎か知らぬが、いかに糞慨したものか、所もあろうにライオン総裁浜口氏の留守宅に糞桶を十三人の印半纏《しるしばんてん》が持ち込み、大きなバケツで座敷中を糞撒き散らし逃げ帰ったというが、なかなか糞度胸のすわった奴《やつ》らしい。浜口氏もこれでは尻口がよくない。民政党総裁しくじりの前提とならねば雄幸である。ことわざにも主人の旅行中の留守には主人の居間を汚しては旅行中災難があるといって、家人さえその居間には入らないことになっているのに、大阪下りの留守中居宅をしかも土足で踏み込まれた上、糞尿まで撒き散らされては、あまり気持ちも良くなかろう、否大いに糞外《ふんがい》したことであろう。

糞桶《くそおけ》をかつぎ入れたる糞野郎糞蠅《くそばえ》の如《ごと》逃げ去りにけり
尻口が悪いと浜口ライオンも雄猛《おたけ》び不幸を糞外なすらむ
床次《とこなみ》は逃げ出す家は汚される糞慨せずには居《お》れぬライオン
黄金をまきちらし行く糞野郎何《いず》れ尻尾の現はれ来たらむ
物臭き世相なるかな人の家に屎《くそ》まき散らす馬鹿の出るとは

人屑《くず》の数多《あまた》集まる大都市に屎まき野郎の現はれにけり

汚れたる都に糞をまき散らし猶《なお》汚し行く糞野郎かな

屎《くそ》まりし天の岩戸の古事をくり返しけり花のお江戸に

座敷中糞撒かれては堪《たま》らない鼻のお穢土《えど》とライオンの邸

鼻持ちのならぬ臭《にお》ひをさせられて糞ツ腹の立つ屎野郎かな

○

夜に入りて色紙短冊百余枚まめ人の為《ため》筆を執りたり

朝来の雨は漸《ようや》く降り止みて暖かき風わが窓に吹く

幼稚園講演了《おわ》り岩田氏は深夜田端氏邸に帰りぬ

朝来の雨霽《は》れたれど大空に村雲ふさぎて月星も無し

○ 瑞句

甲虫《かぶとむし》電灯の玉に中《あた》りけり
稚内《わっかない》の夕立雲や船急ぎ
箱庭の樹にも朝の生気かな
待つ人の帰りは遅し蚊喰《くい》鳥
如露《じょろ》使ふ庭に子供の裸足哉《はだしかな》
蝙蝠《こうもり》や夕べの庭に集《よ》る子供
庭の面《も》や土の香に立つ狐雨《きつね》

船ばたや蝶《ちょう》の舞ひ来て浪《なみ》静か
投草履《なげぞうり》見て逃げにけり蚊喰鳥《かくいどり》
豆電灯点じて箱庭ながめけり

北海の島を離れて早三日休養する間も無きぞ苦しき
北海の九月の海の真昼なりマストに動く雲の涼しさ
静かなる蝦夷《えぞ》の島根の気を吸ひつ青森の空晴れたるを見し
雨の中車走《は》せ行く土の香も嬉《うれ》し故郷に帰る心地す
青森に帰りて見れば野も山も緑と稲田の黄ばめる此《こ》の頃
旅に出て身にいたづけば淋《さび》しみのそぞろに湧きて故郷を思ふ

萩咲くと国の便りをふところにしまひ乍《なが》らに敷島をのむ

わが旅を終はりて帰る迄《まで》待たず早朝顔の萎《しぼ》みしと聞く

顔を剃《そ》る安全剃刀《かみそり》の手を止めて発車の時間数へほほゑむ

眠られず窓を明くれば空暗く秋雨静かに庭の面《も》に降る

秋雨の街行く芸者の面見れば何とはなしに淋しみの湧く

啼《な》きさやぐ鴎《かもめ》の声は乳呑児《ちのみご》の母の心を悩ますなるらむ

長閑《のどか》なる浅虫の宿にくつろぎて心の皺《しわ》の伸びにけるかな

忘れたる手荷物なきかと返り見る間もあらなくに汽車は動けり

沈む陽《ひ》を見て何のため生きてゐる吾《われ》ぞと溜息つきし事あり

昼は蝿《はえ》夜は痩せ蚊のブンブンと文机《ふづくえ》に舞ふ青森の宿

学校の講堂に行きて数百人の生徒に顔を見られけるかな

紫の衣をまとひて演壇に立つ折もあれ秋雨しげし

秋雨のしとしととふる青森の宿にて見たり故郷の夢

数限りなく頼まるる揮毫《きごう》にて肩こらしけり東北の旅

筆を執る身の苦しさを知らぬ人の続々に来る旅の宿かな

雨垂《あまだ》れの音もまばらに成り行きて雲間に一つ星の見えけり

隣室にゐびきの高く聞えきてますますまなこ冴《さ》ゆる夜半《よわ》かな

真夜中に階下に語るまめ人の声耳に立ち眠れぬ吾かな

○

今日は協成高等女学校へ校長に招かれて出席し、一場の講話を試みて帰った。そして女学生のことに関しいろいろの感想が浮かんできたままに、何か書いてみたいような気がしてきた。

全て高等女学校に通う生徒は前途のある女子で、希望に充《み》ちた、活気に富んだ、そして強健な思想の持ち主である。時代からいえばやみくものときで、女子教育家として最も重大なる責任のあるは、この時代の教育指導者である。ハリ気があって活気に富んでいるだけ、それだけ爆発しやすい時である。この時代のものは千種万態、下駄屋の娘もあれば、資産家の娘もあり、うどん屋の娘もあれば官吏の娘もあり、傘屋 屑屋の娘もあれば学者、宗教家の娘もある。学問で飯を食うという希望あるもの、嫁入り支度の資格を作ろうとしているもの、虚栄心をみたすために在学するもの、何かなしに友人がいくから自分もいくといった風に入学するもの、これらの女子が混合しているのだから、同じクラスを卒業しても、高等官の妻になるものもあり、商家へ嫁ぐものもある。進んで学術技芸を究むるものもあれば、理想通りに進まないで失望落胆するものもある。理想に合わぬ夫は嫌だと逃げ出して淪落《りんらく》の淵に沈むような破目になるものもできてくる。こうした風にその根底と境遇と思想において、各人がそれぞれ異なっているので、同一の結果は得られない。その点に指導者も父兄らも当人も深い考えを巡らさねばならぬ時代である。

次に女子師範学校の生徒としての娘を見るに、ご面相の美しい者は合格せないと皮肉るものがある。それが校規という訳でもないだろうが、どこの女子師範学校でもおぼしめしの付くような娘は少ないようである。その上に服装のすこぶる地味なところ、体操などの時でも見たなら男か女かほとんど判断に苦しまざるを得ない概がある。どれだけ贔負目《ひいき》に見ても紅情緑姿とか、明眸皓歯《めいぼうこうし》というような文句は、どうしても出てこない。それでも時たまには、天の戯れか某々宗匠のようなのが万緑叢中紅一点の美人なきにしも非《あら》ずだから、全然失望するにも当たらない。しかしながらそれが女子師範の生命かもしれない。彼の女は外形美をもって愛せらるる女として世に立つの念慮なく、自主的精神の持ち主であるかもしれぬ。その反面よりこれを見んか、肉体美では到底いかほどに奮戦しても勝てないことを自覚したものとみられる。故にその思想は比較的堅実である。教員になるべく目標の惟神《かんながら》的に定まった女である。容易に寸法を迷わない代わりに、一度迷ったが最後全く手の付けられぬ女である。

次に技芸または職業学校の生徒としての女について見るに、幸福なる女をつくるというのが技芸学校の本旨であって、理想の女でない。空想の女でない。また理屈や口舌の女でない。いわゆる手の女を養成するのである。家庭の女、内職の女、多少家計を補助するという俗に働く女を養成するというのである。柄合からいったら、高等女工養成所である。この方面の女は女らしい女で、すべて柔順であり、優しい補助になる細心な女である。

次に助産婦学校、看護婦学校の生徒としての女について見るに、これは昔時と趣を異にしてきた傾向がある。往時は白晒《さら》しの看護服が着てみたいくらいな幼稚な好奇心から入学したものであるが、現今にては女の職業として割合によくもうかるという打算上から入学するものが多くなったようである。第一修業の期間が短いから、学資もあまり多くを要しないという点から考えて入学するのだから、あまり資産家の娘はおらぬのである。それらの通弊《つうへい》として、医者と接近するとか、資産家の看護に車を飛ばして行くものだから、ややともすれば虚栄心が台頭し、同時にむやみにハイカッてくる。かかる境地の女は、性的に危地に臨んでいるのだから、余程注意せぬと性の囚《とりこ》となることがある。夜三更に病室の点火、影薄い心寂しい雨の夜半《よわ》に、若い男の患者といつとはなしに囁《ささや》いて、意外の幸福を得ることもある、名医と逸楽を共にするという機会もあるとの先輩からの伝説によって、ややもすれば道を誤るものができる。ゆえにこの方面さえ注意すれば、女の職業としては人類愛の立場に立つのだから好ましいことでもある。ことに近来は女子職業問題の提唱されるとき、女としての働きのできるものとして数えるに適切である。

○　旅行追懐瑞歌

綾の里立ち出《い》でてより七十の日を閲《けみ》しつつ北海道を去る

綾錦教《おしえ》の糸に引かれつつ吾《われ》東北の旅に立ちたり

憧憬《あこがれ》の高天原《たかあまはら》を後にして炎暑の旅に出でし吾かな

彼方此方《おちこち》と教の国を経巡りて神の恵みの普《あまね》きを知る

有難き神の恵みに包まれて夏の炎暑も安く越えたり

丹波《あかなみ》の国出でてより今日までも恙《つつが》なかりし一行の幸かな

天地の神の教を四方《よも》の国宣《の》り伝へ行く吾ぞ幸なる

朝夕に神の御前に鰭《ひれ》伏して祈る間も無き旅のせはしさ

いや広き尊き稜威《みいず》現はれて到る所に神柱立つ

伊鈴川清き流れを汲み上げて涸《かわ》きたる世を潤ほして行く

伊斯細《いすくわ》し天地不動の聖教を樺太《からふと》千島に伝へし旅かな

石の宮竣成式《しゅんせい》も近よりて天恩郷の慕はるるかな

一日も早く聖地に帰りたし御子は愛しも長びく旅《めぐ》わが旅

色々と旅に出でてゆ珍しき物を見たりき事を聞けりき

古《いにし》への聖者の布教に比ぶればいと安きかも文明の世は

五十《いそ》余り八回の誕生珍しく蝦夷ケ島根《えぞがしまね》に祝ひけるかな

幾千代も変らぬ神の貴《うづ》の教《のり》世に伝へ行く人の幸かも

勇ましく綾《あや》の高天《たかま》の宣伝使わが身忘れて四方《よも》に宣《の》り行く

艮《うしとら》の神の御教《みのり》を艮の蝦夷ケ島根に開きてしかな

梅の花一度に開くその如《ごと》く広ごりにけり三五《あななない》の道

美《うるわ》しき山野河海を渡会《わたらい》の誠の出口教へてぞ行く

産土《うぶすな》の神の守りの厚くしてわづらひも無く日夜を過ごせり

疑ひし世人も今は悟りけむ山河草木吾《われ》に親しむ

海清く山川清く空清き初秋の旅の楽もしきかな

浦々の漁師も神の御光にまつらふ旅の宣伝楽しも

生みの親の親を知らざる世の人に懇《ねもご》ろに説く三五の道

後髪曳《ひ》かるる思ひ残しつつ聖地の御子に別れて旅せし

画に歌に書道に冠句選抜に寸閑もなき旅の吾かな

蝦夷ケ島旅に上りて日本の国の広さを忝《かたじけ》なみけり

蝦夷千島樺太《からふと》島はわが民を植うるに広き神の賜物

遠近《おちこち》と教の伝への草枕百花千花に送られしかな

おもひ出の種となりけり狩太《かりぶと》の町に仰ぎしエゾ富士ケ峰

大本を遠くはなれて蝦夷ケ島秋の眺めに胸をあらひぬ

大本の教はエゾや樺太や千島のはてまで光りけるかな
若松の生《お》ふる神苑立ち出《い》でて若木の林エゾ島に見る
和歌冠句選みながらに宣伝の旅に立つ身のいそがしきかな
和田の原千重の浪路《なみじ》を打ち渡り蝦夷ケ島根の月をみしかな
稚内港《わっかない》をたちて樺太の野辺の千草にあこがれにけり
わけゆけば右と左に原始林山火事起すすさまじさかな
神柱いたる所に我 待ちて花をかざして迎へけるかな
樺太の島に渡りて幾十里幾十日の山火事見しかな
きはみなき大海原に浮びたる樺太島ははなやかなりけり
樺太の宮に詣でて幾十里続く山火事眺め入りけり
拍手《かしわで》の音も清しく樺太の宮居の森に響き渡りぬ

神の道樺太島に伝へんと山火事の中進みけるかな

キラキラと秋陽《あきひ》輝く樺太の山野のけしき見るもさやけし

木々は皆緑の衣着飾りて紫まとふ吾を迎へり

ききしにもまさる樺太島の野の花の莚《むしろ》の麗しかりけり

国後《くなしり》の島に渡りて愛善の道伝へけり小照撮りけり

隈《くま》もなく北海道をへめぐりて山野のけしきに親しみにけり

釧路《くしろ》より根室《ねむろ》の国に渡りつつ胸洗ひけり海のけしきに

山川も清くさやけきエゾ島の人の心はすなほなりけり

蝦夷ケ島山部《やまべ》の里に別院を設けて道の要となしけり

手宮なる古代文字をば眺めつつ思ひを遠く神代に走《は》せたり

倶知安《くっちゃん》の支部に仮寝の夢を見てエゾ富士ケ峰に胸を洗ひつ

大沼の鏡にうつる駒ケ岳《こまがだけ》の姿は波に輝きわたれり
百二十余島浮べし大沼の珍《うづ》のけしきのたぐひなきかな
こんもりと木立の茂る函館《はこだて》の臥牛《がぎゅう》の山の眺め妙《たえ》なり
五稜郭《ごりょうかく》車を走《は》せて英雄のありし昔を偲《しの》びけるかな
天塩《てしお》なる高倉山をうち仰ぎわが生《あ》れし日を寿《ことほ》ぎにけり
蝦夷ケ島栗毛の駒にまたがりて野路行く女勇ましかりけり
里人は雲の如《ごと》くに集まりて吾を迎へり瀬戸牛の駅
知る知らぬ老いも若きもまめ人も伊寄り来りて吾にまみえし
芦別《あしわけ》の山の妙《たえ》なる姿見てあこがれにけり蝦夷ケ島根を
芦別の山よりおろす朝風に重ね着したり山部の里にて
エゾ島の至るところに冠句会開きけるかないそがしき身に

近文《ちかぶみ》のアイヌの家を訪れて若き女《め》の子《こ》と言問ひにけり

駅々に神旗うちふりまめ人の迎ふる姿のいさましかりけり

秋風に神旗なびかせ宣伝の旅に駒やる勇ましさかな

羊蹄山峰《ようていざん》吹く風にあふられて駒並《な》めてゆく姿いさまし

駒の背にまたがり傘をさしかざし進む夕べに涼風の吹く

古《いにし》へのアイヌの用ゐし征矢《そや》数多《あまた》もらひけるかなエゾの旅して

五百余里山川隔て宣伝の旅立つ秋の朝風すがしも

カラ松やエゾ松トド松 楡《あかだも》 の原始林のみ続く北道

葦原《あしはら》のしこけき小屋に訪れて暑さしのぎぬ赤き西瓜《すいか》に

平原に農家の点々立つさまは海に漁船のうくごとく見ゆ

幾十里続く山火事打ち眺め蒙古《もうこ》の旅をしのびけるかな

蒙古路にある心地せり北海の果なく続く山野眺めて
稚内《わっかない》樺太島のゆきかへり波穏やかに凪《な》ぎ渡りけり
数年来かかる凪ぎたる海なしと驚きにけり壱岐《いき》丸船員
葦原の果なく続く状《さま》を見て内地の昔しのばれにけり
何処《どこ》までも萩生《はぎう》の丘の続きたる根室路の旅すがしかりけり
谷川に鰌《どじょう》を漁《あさ》り脛《すね》うちしいたみは今も忘れざりけり
六人の一行寸暇なきまでに忙しきかな宣伝の旅
三伏《さんぷく》の暑き日聖地を立ち出《い》ではや仲秋の月を見るかな
行く雲の空を眺めて朝夕に聖地のきみを偲《しの》びぬるかな
風吹けば君をしおもひ雨降ればきみなつかしき遠の旅かな
樺太の花咲く野辺の風光をきみに見せ度く思ひけるかな

長旅をつづけて遠き国にあれば一しほきみのなつかしきかな
キャラモンの姿は朝夕見ながらになをなつかしききみの面かな
ゆく先に女の子《めこ》は多数見たれどもきみにまさりしキャラモンなきかな
ニコニコと恵比須大黒布袋《ほてい》さん七夕弁天つれて旅せし
恵比須さん来たかと王仁の姿見て垣間見《かいま》にけりエゾの人々
内地にて見しこともなき大いなる烏《からす》山野に飛び交ひ遊べり
石狩の浜辺をゆけば雪のごと波の穂にうく鴎《かもめ》の群かな
根室路の帰るさ句仏上人と同車したるも奇縁なるかな
仲秋の空に葵《あおい》の花の咲く蝦夷ケ島根の不思議なるかな
秋過ぎて桃の実青くたわたわと梢《こずえ》に実る蝦夷ケ島かな
仲秋の空に麦刈るエゾ島は山野のけしきいたく変れり

アカシアの若木の林あちこちに茂り栄ゆるエゾ島涼しも
温泉はあなたこなたとありながら訪《と》ふ暇もなしエゾ島の旅
津軽丸秋日を受けて甲板を小西郷と歩みて見しかな
蝦夷ケ島清き山河にたちわかれ今日青森の市《まち》に安居す
青森の分所の襖《ふすま》にエゾ島の原始林をば記念にゑがきぬ
浅虫の湯に青海王の一行と海の面眺めて昼飯なしけり
浅虫の水族館に立ち入りていとめづらしき鬼オコゼ見し

○

時の雨隈《くま》なく晴れし大空に烏《からす》の翼陽《ひ》に輝ける見ゆ
雨晴れの庭に七ツ八ツ軽き羽根ひるがへしつつ舞ふ胡蝶《こちょう》かな

白楊樹《はくようじゅ》 梢《こずえ》に秋の風立ちて蜻蛉《とんぼ》三ツ四ツ羽根を休めり

画《え》短冊色紙半切《はんせつ》色々と揮毫《きごう》の疲れ軽き宵かな

秋の傘待ち並びけり門の内（女学校）　香鹿

よべなきし馬追《すいと》とおぼし琴の上（青森田端邸）　鳴球（注・馬追）

【編者注】馬追…バッタ目キリギリス科の昆虫、ウナオイのこと。別名、スイッチョ。初秋の季語とされる。名の由来は、馬方が馬を追うときの声に似ているところから。

◇九月十五日　岩手日報記事

王仁三郎師

二十四日来盛

大本教総裁

大本教総裁出口王仁三郎師は、今春、台湾、琉球、九州を巡教していたが、同教は欧州、南米など外国に多数支部を設立して、外国人および日本人宣伝使ら布教に従っているが、現在同教の分所支部六百五十四カ所あり。宣伝使は二千六百九十二人の多数にのぼっているが、関東、関西、九州地方では、まさに旭日昇天《きょくじつ》の勢いで、各階級の健全な、そして力ある修養の基礎となっている。一行六名は、七月十一日以来、三越、奥羽から北海道、樺太《からふと》を巡教、多大の成績を収め、来る二十四日午後三時三十六分着上り列車で当市に下車、仁王小路萱場弁護士方に滞留し、同夜は講演会を開催し、二十五日午前は有志に面談、同日午後盛岡を出発、本県支部を経て仙台へ向かうはず。

九月二十日　　於　大湊《おおみなと》ホテル

前後七十一日の旅路を終えた昨日の夕暮れより、雨の音しきりに窓を打ちて眠られぬまま、万年筆と電灯を友として夜を明かした。今朝もまた空に片雲往来し、時々氷雨《ひさめ》ふりそそぎて蒸し暑し。信者未信者の訪問者非常に多く、なんとはなくせわしき日なり。今回の旅行にて、地方の人々もよほど大本を了解し始めたりと見えて、末頼母《すえたのも》しき心地ぞすなり。

一夜さを寝《い》ねず明かせし朝の空に片雲徂徠《そらい》し蒸し暑きかな

次々に土地の有志者訪《と》ひ来たり休む間もなくいそがしきかな

庭の面《も》に時折氷雨《ひさめ》ふりそそぎ風さへもなき汗の湧き出《い》づ

午後二時三十分発にて大湊《おおみなと》に向かうべく準備の折もあれ、一人立ちの小照を撮らしてくれとのことに、田端家の庭前に立ってレンズに向かう。青森第一等の上手なる写真師とかにて大いに魔誤付《まごつ》き漸《ようや》くにして発車時間に間に合うこととはなりぬ。田端家より十一台の自動車を並べ、泥濘《でいねい》の街路を泥水を盛んに跳ね飛ばしながら停車場に着き、直ちに乗車することとはなりぬ。分所の信徒たちは先着なしおりて盛んに大小の神旗を打ち振りながら送迎せる中を、早くも汽笛一声合図に動き出したり。

急がしく小照を撮り田端邸ゆ自動車並べて停車場に馳《は》す

二時半に青森駅を後にして秋陽《あきひ》かがやく野路を走《は》せけり

プラットに神旗打ち振り信徒《まめひと》の名残《なごり》惜しみて吾《われ》を送れり

青森市　田端氏邸前の出口聖師

浦町の駅に進めば奈良宣使以下数十人旗振り見送る
吾妻菊《あずまぎく》白赤黄なる菊の花咲けるも床《ゆか》し町の家《や》の庭
雲の湧く八甲田山に送られて浪打駅《なみうち》をさして寄せ行く
松並木老樹茂りて浪打の駅に清《すが》しく秋陽冴《さ》えたり
苗代《なわしろ》の跡徒《いたず》らに休ませる東奥人の暢気《のんき》なるかな
松杉の林に秋陽さし添ひて稲田の面《おも》に金波打ち寄す
幹に蔦《つた》隈《くま》なくからみし老松の森の風致の深さ床しさ
海原の静波に浮く並山の近く見ゆめり雨明りして
乳呑児《ちのみご》を抱へて里の女只《ただ》一人わが乗る汽車を見入りつつ立つ

切り通し過ぐれば月見草乱れ野内《のない》の駅に早くも入りけり

海に沿ひトンネル潜《くぐ》れば松山の頂上赤く大岩立つ見ゆ

湯の島の風光清く目に入りて海原広み浪《なみ》の穂高しも

鈴生《すずなり》の林檎《りんご》の畠《はたけ》見えながら浪打ち際《ぎわ》を汽車は走れり

雲の谷漏るる秋の陽海の面《も》に線を画して輝ける見ゆ

双児島湯の島近く見えながら浅虫浜辺に荒浪狂へり

青海王倶《とも》に昼飯喫したる東奥館を懐《なつ》かしみ行く

奈良源太郎、今きよ子、奈良いつき、羽賀辰造の四氏、浅虫駅までわが一行と同車送り来たり、ここにて下車されたり。

水族館見やる間もなくわが汽車は松生《お》ふ丘のトンネルに入る

窓を吹く秋風浴《あ》みて海岸を走る列車の心地好《よ》きかな

山間《やまあい》に稲田黄ばみて鈍き陽《ひ》の芒《すすき》に照れる野辺の静けさ

山峡に白き煙の立ち上る見つつ間もなく農の村に出《い》づ

曲線美山の姿の床しさは樺太島に似たる心地す

鳴球氏如月宗匠歌日記読み合せけり小湊《こみなと》駅より

姿佳《よ》き山々右手《めて》にすくすくと聳《そび》えて清く秋陽《あきひ》に映《は》えたり

蝦夷島に見たるが如き芦生原《あしうはら》雑木交へて長く続けり

松や杉林はあれど地味痩せて短く細き物許《ばか》りなる
開くべき荒野まだまだ沢山に取り残されし下北半島
釜臥山《かまふせやま》 陸奥《むつ》湾臨み端然と雲にそびゆる姿の崇高《けだか》さ
老松の磯の並木の間より白帆三つ四つ波に映ゆ見ゆ
枕木の山と積みたる狩場沢《かりばさわ》駅に海吹く風かをるなり
狩場沢駅を過ぐれば唐松の植林見るぞ珍しかりける
唐松の林長々続きつつ野辺地《のへじ》の駅にかけ入るわが汽車

午後四時、野辺地の駅より大湊《おおみなと》線に乗り換え、一行十五人、田名部《たなぶ》をさして進むこととはなりぬ。秋陽清く山海を射照らす沿道の風光に憧憬《しょうけい》しつつ進む心地よさ。

午後の四時野辺地《のへじ》の駅の秋の陽《ひ》を受けつつ支線に乗り換へて行く
黄金の稲田連なる見るうちに汽車は海岸伝ひに走れり
丘山の並ぶふもとに豆畠《まめばたけ》アカシアの森茂る見つ行く
芝草の茂る原野を荒風に吹かれつ有戸《ありと》の駅に這ひ入る
槲《かしわ》の木丘一面に生《お》ひ茂り風になびける夕べ淋しき

小笠原鮮明氏の夫人ただ一人、陸奥横浜《むつよこはま》駅に出迎え、同車して田名部に向かうこととなれり。津軽富士の霊峰遠く西方の空にかすみつつ、釜臥山《かまふせやま》の頂、紫雲のたなびけるさま美《うるわ》しく形容の辞なし。

広々と桐生《きりう》の畑の並びつつ梢《こずえ》たわわに実る秋かな

広き野に牧牛数多《あまた》草食《は》める上に赤々夕陽《ゆうひ》かがやく

波の上に夕陽落ちて並丘に雲の峰立つ近川《ちかがわ》駅かな

陸奥湾を隔てて近く釜臥の山雲の上に聳《そび》えて高しも

田名部駅一行下車し自動車を並べて田名部の町に走せけり

岩田、吉原両宣使は田名部《たなぶ》公会堂に講演のため出張したれば、われは近侍その他の宣伝使に送られ大湊《おおみなと》ホテルに入りて休憩し、浴湯の上、一般の人々に面会をなし夕飯につきたり。旧八月の弦月は窓を透かして釜臥山の頂に照り輝き、その情景実に絶妙なり。

本日下北半島出張に際し、小笠原鮮明氏は大湊支部を代表して、青森まで出迎えあり。また菊池叔三、菊池清、田中要吉の三氏は下北支部を代表して、野辺地まで出迎え同車す。

次に大湊支部員横山祐吉、祐川三次郎、立花伊勢之助、野村剛三郎、祐川敏雄、横山祐吾、同省三の諸氏、田名部まで出迎えあり。また下北支部員田中平四郎、気仙米八、竹内文吉、川畑酉蔵、山本周吉、菊池逸也、同槐蔵、山本辰治の諸氏、田名部まで出迎えあり。

両支部員一同自動車を並べてにぎにぎしく大湊ホテルまで送らる。

ホテルの表にはホテル係員菊池郡次郎、田鎖常三郎両氏出迎えあり。ただちに階上の風景佳《よ》き一室に案内せり。旧八月の月光清く空気また爽やかなり。夜更けて十一時半、田名部の講演を終わり岩田、吉原氏は長谷川清一、佐藤直文、勝又六郎、田端さき子、横山祐吉の諸宣伝使とともに帰り来たり、大湊ホテルに宿泊することとなれり。

○

下北郡は陸奥《むつ》国の東北隅に位置する半島で東は太平洋に臨みて西は陸奥湾に瀕《ひん》し、北は津軽海峡を隔てて北海道 渡島《としま》国と相対し南の一部わずかに上北郡に接続している。

郡の広袤《こうぼう》は東西十三里（約五一キロメートル）南北十一里六町（約四四キロメートル）にしてこの面積九十一方里八三（約一、四一六・三平方キロメートル）、海岸線は延長六十余里（約二三四キロメートル）に達し、村落はおおむね海岸に介在している。町村の数九、戸数 九、二〇〇戸、人口 五四、六〇〇人（現・

下北郡の人口 一四、五四六人　令和元年六月現在）である。

郡の内部は山岳起伏してその顕著なるものは釜臥山《かまふせやま》、大尽山《おおつくしやま》、宇曽利山《うそりやま》、朝比奈岳《あさひなだけ》、燧岳《ひうちだけ》などである。最も高きものは朝比奈岳の海抜三、二六二尺（約九八八メートル／現標高八七四メートル。注・現在では標高八七六・六メートルの釜臥山が最高と計測されている）である。宇曽利山は別に恐山《おそれざん》とも書く。慈覚大師の開いた霊場で、山中には湖水あり温泉ありてすこぶる閑雅幽邃《ゆうすい》の地である。初夏より晩秋にかけて登山探勝の客が絶えない。

河川の大なるものは田名部川《たなぶがわ》、大畑川《おおはたがわ》、正津川《しょうずがわ》、古佐井川《こざいがわ》、川内川《かわうちがわ》の五川である。最も流域の長きものは大畑川の八里十八町（約三二・四キロメートル／現・大畑川流路延長一三、五六四キロメートル。支流を含めた長さか。計測法が異なると思われる）である。川内川と正津川との両上流には各水力電気の発電所がある。

気温は平年極寒氷点下一六度余りに降り、極暑は三二度余りに昇る。十月中旬秋霜を見、十一月の半ばには厳霜を結び、十二月の初めに雪を見るもその積むは例年十二月二十日過ぎである。

そもそもこの地方は久しく盛岡藩南部氏の所領であったが、明治維新の際に会津藩主松平氏移封されて斗南藩領となった。斗南は北斗以南皆帝洲の義で北遷の新藩に冠したる所である。後いくばくもなく廃藩置県となりて、青森県第六大区となりさらに明治一一年青森県下北郡役所の管轄に属しもって今日に至った。

田名部は旧書、田鍋または田南部と書く。明治三二年一月一日をもって町制を敷いた。郡の中心地点で面積十方里七四(約一六五・六平方キロメートル)、田名部、関根《せきね》、奥内《おくない》、中野沢《なかのさわ》の四つの大字《おおあざ》がある。戸数一、八

○○戸、人口一万余りである。大字田名部は田名部川の下流にあって市街をなし、大湊線田名部駅から三十町（約三・三キロメートル）を隔てている。この間に軌道馬車および自動車の便がある。警察署、病院などの所在地で、市中は銀行、会社、商店、旅館など軒を並べ、商業行われ繁昌の地である。名刹吉祥山円通寺および不退山常念寺などあり、支村に金谷《かなや》、最花《さいばな》、女館《おんなだて》、樺山《かばやま》などがある。

浄土宗不退山常念寺には国宝の阿弥陀如来《あみだにょらい》がある。恵心僧都《えしんそうず》の作で藤原時代の代表的仏像として大正四年三月、国宝に指定された。同寺にはなお什物《じゅうもつ》（注・代々伝わる宝物）として屋島の合戦図を描いた金屏風が一双ある。

田名部小学校のある所は旧館址《あと》の一部である。建武年中（一三三四～一三三六年）八戸《はちのへ》南部氏の目代（注）赤星某《なにがし》が居館したというが、後に九州菊地の一族菊地正与 来たって館《やかた》したと伝える。寛文十三年（一六七三年）盛岡南部藩においてここに代官所を設け、以来維新の際まで代官所があった。

【編者注】目代…平安から鎌倉期にかけて、任地へ赴任しなかった国司が私的に現地に派遣した代理人のこと。眼代《がんだい》とも。転じて代官などの役人を指す。

郊外**斗南ケ丘**は新谷平という旧阿闌屋平に作る。往古、源義純城郭を築きて花御殿と呼びなお市街を画して新屋形町と称し民戸を移したことがあるが、土地高燥にすぎて水利に不便なるため、後年相続いて現今の田名部市街に移ったという。明治三年（一八七〇年）会津藩主松平氏この半島に移封されて、再びここに市街の建設を試み、新館と称し新たに屋敷を設け長屋を建てて藩士およそ二百戸を移したが、土地不毛にして一同生計成り難く一両年にして帰国もしくは他地方に転じさった。

大字《おおあざ》 **関根**は南関根、北関根および出戸《でど》、烏沢《からすざわ》、高梨《たかなし》などの諸村落がある。高梨を除けばいずれも漁浜に沿うており、住民は半農半漁である。

大字 **奥内**は奥内、奥内浜、二又《ふたまた》、近川《ちかがわ》の四村がある。近川は大湊《おおみなと》線近川駅のある所で、津軽の人 佐々木弘造氏らが経営せる開墾の土地である。これより東海岸白糠《しらぬか》港に通ずる県道がある。

大字 **中野沢**は西一帯陸奥湾に瀕《ひん》して南東は上北郡横浜村と蒲野沢山に交わり、界川の渓流によって郡界をなしている。

宇曽利山は別に恐山《おそれざん》とも書く。貞観年中（注・八五九～八七七年）大知識円仁和尚（慈覚大師）開山の霊場である。海抜二、六七六尺（約八一一メートル／現標高八七九メートル）田名部《たなぶ》、大湊《おおみなと》、大畑《おおはた》、川内《かわうち》の四方から登山することができる中に田名部からの道は県道であり、行路、最も容易である。かつこの間に自動車の便もある。山上には釜臥《かまふせ》山菩提寺がある、境域およそ八十町歩（約七九・三ヘクタール）四方小巒《らん》（注・いくつも続く山々）をもって巡らし、蓮華八葉の形をなしている。境内には別に地蔵堂があって慈覚大師の作と伝える地蔵菩薩の小立像を安置する。三途川、賽《さい》の河原、血の池地獄、極楽浜などの名所がある。中心に周囲二里の宇曽利山湖がある。三角山、大尽《おおつくし》と相まってすこぶる風景をなしている。さらにまた温泉がある、硫黄泉で冷抜《ひえ》の湯、古滝《こたき》の湯、薬師《やくし》の湯、花染《はなぞめ》の湯、新滝の湯の五つの浴槽（注）がある。皮膚病、鉛および水銀中毒、婦人病、関節炎などに効能がある。浴舎に恐山ホテルがある。郵便物は田名部町から毎日一回配達する。なお急を要するものは田名部との間に警察電話の便を借りることができる。

【編者注】薬湯五湯と呼ばれた五つの浴槽のうち、新滝の湯は現在使われなくなり、御法《みのり》の湯が新たに加えられている。

大湊村《おおみなと》は大湊要港部の所在地にして大湊線の終点地である。陸奥《むつ》湾に瀕《ひん》して釜臥山《かまふせやま》を背にし面積四方里八五（約七四・八平方キロメートル）、大平《おおだいら》、大湊、城ヶ沢《じょうがさわ》の三つの大字がある。戸数一千戸、人口五千五百人、物産に鰮《いわし》、海参《いりこ》（注）、桐材、木炭、馬匹《ばひつ》（注・馬のこと）などがある。

【編者注】海参《いりこ》…ナマコの腸を除いて茹《ゆ》でたのち、干したもの。中華料理材。ほしなまこ。

大字**大平**《おおだいら》は、本町と称し、旧大鍋平といった。大湊駅のある所で、

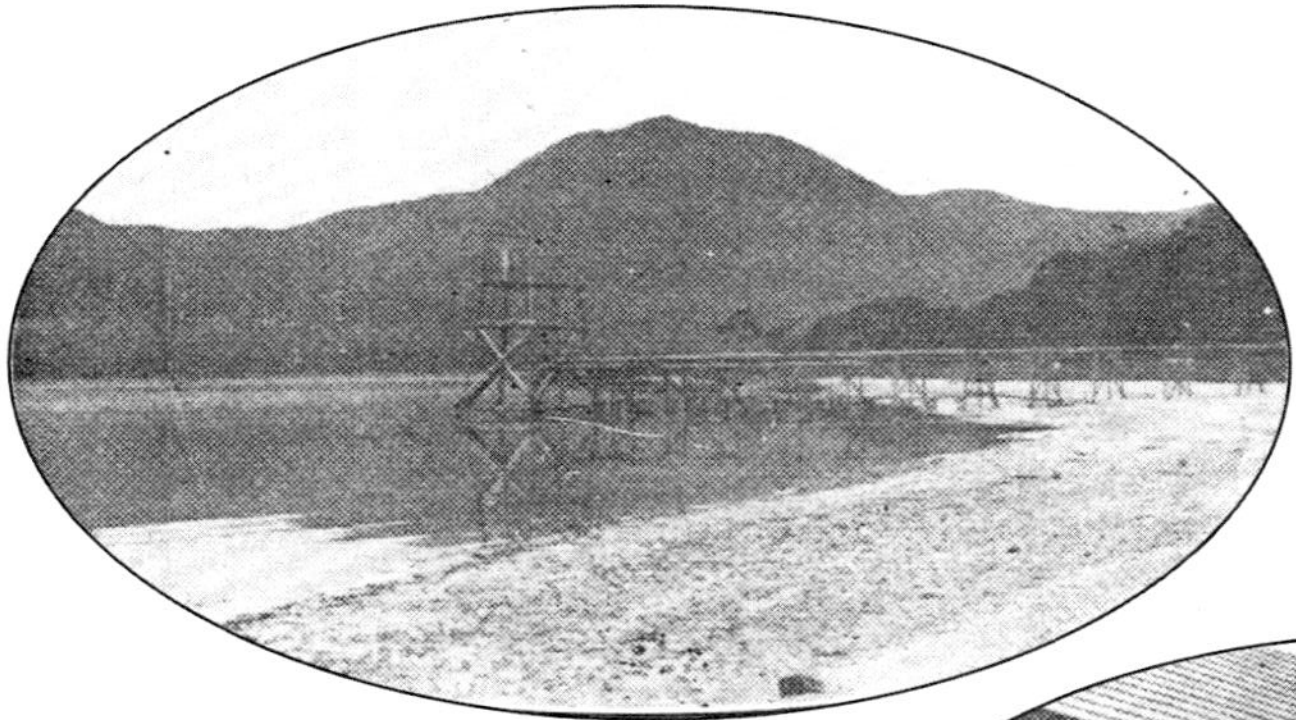

青森県　下北半島の恐山

青森県　大湊《おおみなと》ホテル（出口聖師ご宿泊所）

東は三本松川の細流によって田名部町に地を接している。

三本松には大湊興業株式会社がある。海面の埋め立て、市街地の建設、海陸連絡設備の完備などを目的として大正七年（一九一八年）資本金八百万円をもって創立し、ほぼ第一期工事を終わり、その埋め立て地、埠頭《ふとう》に大湊冷蔵会社倉庫ならびに臨港鉄道あり、汽船の出入り頻繁である。

大字**大湊**は浜通と称し旧安渡《あんど》といった。藩政のころは大平《おおだいら》、川内《かわうち》、脇野沢《わきのさわ》、佐井《さい》、大間《おおま》、大畑《おおはた》と併せて下北七港に数えられ、しかも繁盛なることその第一であった。港は湾広く水深くして実に天然の良港である。慶応年間（一八六五〜一八六八年）長崎交易のために初めて汽船の入港を見た。明治戊辰《ぼしん》の変革当時は、官艦長陽号が入港した。次いで十年にはフランス国の軍艦が入港し、さらに明治十四年には御代巡北白川宮殿下が軍艦日進に召されて入港ご上陸があり、翌十五年にはイタリア国の軍艦が来たって約二カ月停泊したことがある。以来イギリス、フランス、ロシア諸国の軍艦が入港してその良津なること、つとに国外にも知られた所である。

明治三十三年（一九〇〇年）に至って海軍防御営造物の建設を見、次いで三十五年八月、海軍水雷団を置かれたが、日露戦争の結果は樺太《からふと》の南半わが帝国の版図に入り、ロシア領沿海州の漁業権が拡張されて、北海警備の要ますます緊切になったので、三十八年十二月、水雷団に代わって大湊要港部の開庁を見るに至った。支村に川守、宇田《うだ》、宇曽利川《うそりがわ》の三つがある。宇田には要港部の庁舎があり、宇曽利川には海軍の無線電信所がある。

宇田湾には駆逐艦、潜水艦が配備されている。湾口を擁する芦崎《あしざき》の長汀には老松蓊鬱《おううつ》として繁茂し一美観である。

城ケ沢《じょうがさわ》は北部の本城であった鶴崎山順法寺《じゅんぽうじ》城のあった所である。城は後深草帝の宝治年間（一二四九～一二五六年）安東盛親（注・宇曽利郷領主）の築いたもので、降って正平年間（一三四六～一三七〇年）には源長伊、修築して館《やかた》したとも伝える。支村に永下、一里越《いちりごし》、泉沢《いずみさわ》、角違などがあり、一里越の西の林地内に旧館址がある。また城ケ沢の北西二里（約八キロメートル）の山中に天狗石というのがある。周囲五十尺（約一五メートル）高さ十尺（約三メートル）余りの大石でその内部は洞穴となっており、さらにその上部には径八寸（約二四センチメートル）高さ二尺（約六〇センチメートル）くらいの円柱形の石があって、八畳敷ほどの平盤石の中心を支えて直立しているのがすこぶる奇観である。

○

九月十七日発出口宇知麿よりの信書の一部を左に摘記すれば

（前文省略）月宮殿ご神座左右側面の大壁に張るドンスは、紫地にクッキリと鳳凰《ほうおう》を白く浮き出さしめ、薄く雲の模様を配したもので、これにつき一つのご神徳談があります。

それは純上等絹糸を紫に染めるについては褪色《たいしょく》しては困るので、現時新しい発見となったアリザリン染めにしていただくように注文したのですが、それ以上の永久不変のものがあればなおその方が良いと言ってやったところが、染工場でもアリザリン以上のもので絹糸を染めることは世界的に不可能とされている。しかしそれ以上にモ一つ進歩した染め方があるが、これは試験的に純絹糸をやってみたけれどもできない。木綿や富士絹なればできる。そこでドイツの会社では純絹にこれを染め得たなれば懸賞金を出すことになっている。

ところが今回試しにこのご神座の紫色に要する糸四百八十匁《もんめ》だけをそれにつけてみたところ、実に驚くべし、見事に染め上がったのでようやくに織り上げることができました。しかしこれ以外の絹糸は何回やってもでき上がらない。ただご神座箇所用の四百八十匁のみ染まり、それ以外はどうしても染まらぬという不思議な事実を見せられたのであります。

今まで不可能とされていた純絹糸が見事に神用だけでき上がったことは確かに世界的に染色界の革命でありますところの大問題なのです。そこでこの糸の屑《くず》をドイツに送り、染色革命に導火したことを誇るとともに懸賞金を取るべく染工場では大歓《よろこ》びであります。月宮殿は世界に類例のないものをと注文されていたのでありましたが、いずれにしても不思議なご守護ご神徳によって完成さしていただくことができますことは誠に有り難き極みであります。（後文省略）

○

黄昏《たそが》れて田名部の駅に下り見れば宣信数多《あまた》旗振り出迎ふ

野路一里走りて夕暮れ漸《ようや》くに田名部の町に駆け入りにけり

田名部川清き流れを打ち渡り泥道馳《は》せて三本松に着く

三本松大湊《おおみなと》ホテル玄関に宣信先着出《い》で迎へ居《お》り

大空は澄み渡りつつ七日月釜臥《かまふせ》山の峰に懸《かか》れり

大湊ホテルの窓より眺むれば田名部町の灯闇に輝く

ゴーゴーと鉄橋馳する汽車の音車窓の明り冴《さ》えたる宵かな

海軍の演習沖に始まりて天地を揺する砲声聞こえ来

宏壮なるホテルなれども客人の多からぬこそ淋《さび》しかりけり

低き山連なる秋の夕日かな（下北線）　香鹿

落日の紅《くれない》広き尾花哉《かな》（下北半島）　鳴球

九月二十一日　於　大湊《おおみなと》ホテル

朝六時起き出《い》で窓外ながむれば陸奥《むつ》湾の浪《なみ》白々笑へり
釜臥《かまふせ》の山に白雲たなびきて朝日に映ゆる眺め佳《よ》きかな
此頃《この》の夜冷えに胃腸こわしつつ高野《こうや》通ひの忙《せわ》しき吾《われ》かな

脇野沢村《わきのさわ》は陸奥湾の咽喉《のど》を扼《やく》してその面積三方里八十（約五八・六平方キロメートル）、脇野沢、小沢《こざわ》の二つの大字があり、戸数わずかに四百十戸、人口およそ二千五百余り、鱈《たら》、鰮《いわし》、帆立《ほたて》、木炭、馬鈴薯《ばれいしょ》を産出する。脇野沢は旧名鬼伏といった。延暦年間（七八二〜八〇六年）田村麻呂将軍が東夷を征してこの地に至り、賊魁《ぞくかい》ワンキーを誅伏《ちゅうふく》した。また旧名惑鬼の沢または倭鬼の沢より転じたるものなりとの説がある。支村に瀬野《せの》、新井田《にいだ》、寄浪《きなみ》、蛸田《たこだ》、九艘泊《くそうどまり》、滝山《たきやま》、片貝《かたかい》、源藤城《げんどうしろ》などがある。瀬野は瀬尾勘解由《かげゆ》次郎の住した所で、よりて地名をなすという。源藤城は源藤房卿終焉《しゅうえん》の地で、北畠顕信、一寺を草してこれを弔うたが、顕信もまた逝《ゆ》くに及びて春日山藤房院顕信寺と号したという。

次に**小沢**《こざわ》は旧名狐沢といった。住民は半農半漁であるが近時は木炭なども産するに至った。

鯛島《たいじま》は別に弁天島ともいい二大石よりできている。はるかに望むに鯛魚の形をなすによって、島の名あるゆえんである。延暦年間、田村麻呂将軍が東夷を征してこの地に至り半年余りも逗留《とうりゅう》していた。その際側近に侍した安達小連の女某《むすめなにがし》が懐妊して、将軍は都に帰る日が来たが、女は共に行くことを求むるので、帰りに連れ戻ることになった。女は旅の装束を整えて約束の時を違えず陣営に赴いてみると、将軍はすでに出発しておって、将軍の船は風に帆を張ってはるかに沖を行くのであった。女は慟哭《どうこく》して海に投じたが及ばずして家人に助けられ、月満ちて三児を分娩《ぶんべん》したが日を経るも将軍を慕うの念ますます募りて、ついに泣死《きゅうし》したのである。郷人もこれを憫《あわれ》として屍《しかばね》をこの島に葬ったが、しかるにその後近海怪異のことがしばしば起こるので、女の霊が毒龍に化しこのたたりをなすのであるとし、舟人ことごとくこれを恐怖したが、後五百年を経て藤原藤房《ふじわらふじふさ》卿（注）がこの地に来たり、舟人の難儀を聞いて天女の像を刻みて祭りもって女の霊を鎮め、以来怪は絶えたということである。

【編者注】藤原藤房卿…万里小路《までのこうじ》藤房とも。鎌倉期末から南北朝期にかけての公卿《くげ》。後醍醐天皇の側近として討幕運動に参画。建武政権では恩賞方や雑訴決断所などの要職を担ったが、突如、世をはかなんで出家してしまう。その後の動向についてさまざまな伝承が生じたが、その一つに安東氏を頼って津軽に降ったとする説がある。平重盛《たいらのしげもり》、楠正成《くすのきまさしげ》とともに日本三忠臣の一人。

○明光社　花水氏に送る

大湊《おおみなと》ホテルに胃腸こわしつつ偲《しの》ぶは君のいたづきなりけり

釜臥《かまふせ》の山に七日の月冴《さ》えてホテルの夜は静かなりけり

大湊浜辺に立てば津軽富士海を隔てて遥《はる》かにかすめり

蝦夷ケ島漸《ようや》く離れ風景の下北半島に七日の月見し

長旅に心づかひの重なりて日向《ひなた》に氷と痩せて行くかな

陸奥《むつ》湾の浪《なみ》白々と花咲きて白帆の胡蝶《こちょう》風孕《はら》み飛ぶ

下北の気候は北海道に似て仲秋の庭に青き桃生《な》る

半日間ホテルの窓明け徒《いたず》らに伸び上りつつ海の面《おも》見し
午後一時ホテルを出《い》でて田名部なる瑞祥会支部さして進みぬ
支部の前道路の左右に紙の旗数多《あまた》並びて風に揺れつつ
神書なき支部の神前なんとなく心淋《さび》しくなりにけるかな
りんどうの紫の色道の辺《べ》に咲きほこる見つ帰り路に着く
鬼薊《おにあざみ》尾花あちこち町の面に咲き乱れつつ風冷え渡る
ホテル前再びよぎり荒川を渡りて宇田《うだ》の港にかけ入る
大湊支部に来りて稲荷《いなり》ずし舌鼓《したつづみ》打ちよばれけるかな

天橋に酷似なしたる芦岬《あし》の海に浮べる風致よきかな

小笠原氏の館は表は郵便局にして同氏は局長たり。裏座敷の二階に支部の神殿あり海に面して眺望佳《よ》く、駆逐艦沢風、矢風、峰風、沖風の四隻、昨夜の演習の疲労を医して静かに浮かび、芦岬は長く帯のごとく海面に浮かびて白砂青松連なること一里にあまり、あたかも丹後の天橋にあるの心地す。ここに一同の宣信とともに神前に祝詞を奏上し、大道を南に約一丁(約一一〇メートル)要港部の桟橋《さんばし》より二十九トンの汽船開運丸に一行三十人乗り込み、冷蔵庫株式会社の埋め立て地に上陸し、再び小発動機船に乗り込み、田名部川の鉄橋下を遡航《そこう》し、ホテル前の川畔に上陸、ただちにホテルに入る。時まさに午後四時四十分なり。釜臥《かまふせ》山の高峰を照らして夕陽清く懸《か》かり、風冷え渡る庭前に立ちて宣信一同とともに記念の小照を撮る。

○

三本松大湊ホテルより約三里を隔てて字《あざ》宇曽利山というに釜臥山菩提寺（現・恐山菩提寺）という古寺があり、地蔵大士を安置し山内には極楽の浜、八万地獄、修羅《しゅら》地獄、剣の山、血の池、賽《さい》の河原、三途の川、鬼石などの名所があって、凡俗の輩《やから》が随喜の涙をこぼして渇仰《かつぎょう》し、今に参詣者多く自動車も通っている。しかのみならず、俗に仏法僧と称する雨鳥が仏法僧と啼《な》く霊地で、日本にほかにはないと誇っている所である。

今この宇曽利山とか宇曽月山とかの縁起を摘録すれば、人皇第五

青森県　大湊　大湊ホテルにおける出口聖師

大湊ホテルにおける出口聖師一行

十四代仁明天皇は、今われ願わくは法器を選み、仏道を異国に求めんと、よって宣旨を国内に下し上機を選んで、ついに慈覚大師を得たまいたり。

時に大師、年齢まさに四十五歳。特に入唐の勅宣《ちょくせん》を奉じ、承和五年（八三八年）六月二十二日、勅使参議右大弁兼実と藤原常嗣と同船、唐土に渡り、天台および五百山に至り、諸大徳に会って顕密の法を伝わる。

ある夜、霊夢あり。

一人の聖僧忽然《こつぜん》として現れ、慈覚に告げて言う。汝《なんじ》本国へ帰りたる後、東方に当たり、その王城を距《へだた》る行程三十余日ばかりにしてすなわち霊山有り、温泉洽々《こうこう》（注・うるおし行き渡っているさま）として諸病ことごとく退除し、猛火焰々《えんえん》として孤独地獄の相を現す。諸人いまだこれを知らず、汝、彼処《かしこ》に行きて地蔵一躯《いっく》を彫作し、もって一宇を造立し、上四恩（注1）に報い、下三有《さんぬ》（注2）を資《たす》け、仏事三昧《ざんまい》怠ることなかれ。われは是《これ》、昔、天竺《てんじく》佉羅陀山《きゃらだせん》（注3）において釈迦《しゃか》に諸願を開演せしものなりと言って、ついにまた現れず、慈覚、夢覚むれば室内香気芬々《ふんぷん》として不思議なるかな一巻の地蔵経ありければ、地蔵の腹中にこの経書を納めた。

【編者注】（注1）四恩…父母・国王・衆生・三宝（仏法僧）の恩。
（注2）三有…現世から来世に至る三様の状態。あるいは、三界（欲界・色界・無色界）における衆生の状態。
（注3）佉羅陀山…須弥仙山を囲む七金山の一つで、地蔵菩薩が住むとされる浄土。

その後、承和十四年（八四七年）の十月、慈覚無事帰朝し、諸国を遍歴し、化道（注・教化し導く）ようやく東夷を過ぎ、利生（注・仏が衆生に与える利益《りやく》）遠く北狄《ほくてき》の境に及び、ついに松島において卓錫《たくしゃく》（注1）し、精舎を築きて青龍寺と号せり。また出羽 山形領の山上に梵宇（注2）を造立し立石寺と号《なづ》く。

【編者注】（注1）卓錫…卓は、地面から高く抜き出て目立つさまを言う。旅の終わりに、錫杖《しゃくじょう》を突き立てる意か。
（注2）梵宇…梵は、広く仏に関することがらに冠するところから、仏の家の意か。

このほか慈覚の開きたる堂寺多けれども皆、地蔵大士の夢記に叶《かな》える温湯などの霊山にあらざればとて、なお岩頭の苔《こけ》の下には本有（注・本来から備わっている徳）仏性の真体を観じ、荒野原上の草の枕には事理不二（注）の妙理を覚りて、たまたまこの釜臥山《かまふせやま》に攀《よ》じ上り朝に妙典を読誦《どくじゅ》し、夕に密教を観念し、あるいは書写して怠らず。元来、断食不飲にしてありしといえども、山神 来たりて珍味を供し、熊猿 相馴《な》れて草庵を結ぶ。

【編者注】事理不二…外面に見えるさまざまな現象（=事）と、その背後にある唯一絶対の真理（=理）は、二つならず、一つのものであるということ。

しかるにある日、鵜《う》の鳥の両翅《りょうし》を翻して北方の山上に至るあり。慈覚はその至る所を熟視するに全く尋常の地にあらず。必ず所縁あらんと行きてみるに、前に湖水あって功徳水池の波を漂え、後ろに山々連なって林樹の枝清風通う。彼処《そこ》には猛火焔々《えんえん》として苦器の相まのあたり現れ、此処《ここ》には金砂涼々として正《まさ》に浄土を現す。また温湯清連として百病悉除の趣あり。

ここにおいて前夢の感合せる所なりとし、頓《ぬかずき》て戒行を持し、護摩を修し、瑞夢のごとく一体の地蔵像を彫作し、一宇を建立し菩提寺と号したり。

また先に持念したる山を見るに、あたかも一つの釜を逆にしたるごとくなれば、覆釜を寺号に冠《かぶ》らせたりという。これすなわち慈覚 飲食の用具不備といえども、山神 膳部を供するより、釜不用となりしため、覆釜山と言った。また鵜《う》の鳥のそれてこの地を知りたるより鵜翦《うそれ》山と名づけたるなりと、しかるに後世、宇曽利山と呼び、また現在 地獄相を見聞するより、諸人、恐怖し恐山《おそれやま》と称するに至る。また釜を伏せたる形なるより土地の人これを釜臥山《かまふせ》と言うなどと、有り難い縁起を作って信仰の標的としている。

かくて慈覚は貞観六年甲辰（八六四年）正月十四日、七十一歳をもって出羽国立石寺において遷化《せんげ》（注）したという。

【編者注】遷化…高僧の死を言う。この世での教化を終えて他国土の教化に移る意。

○

美《うるわ》しき山の屏風《びょうぶ》を引きまはし風光清き下北半島

日本一桐《きり》の産地ときこえたる田名部《たなぶ》の町の賑《にぎ》はへるかな

真如光物語さへ無き支部の神のやかたの寂しくもあるかな

恐山《おそれざん》八万地獄修羅《しゅら》地獄などと愚民を迷はす零場

地蔵堂賽《さい》の川原や剣山血の池などと地獄うつせり

その昔慈覚大師の開きたる恐れの山は零場なりけり

釜臥《かまふせ》の山に慈覚が修業した事勿体《もったい》らしく伝ふる僧かな

雨烏《あまがらす》仏法僧と啼《な》く山は此所《ここ》より無いと坊主ほこれり

桶伏《おけふせ》の山にも紀伊の高野《こうや》にも仏法僧と雨烏啼く

駆逐艦四隻浮べる大湊桟橋《おおみなとさんばし》あとに海渡りけり

小汽船開運丸に乗り込みてホテル目的《めあて》に帰り路につく

浪凪《なみな》ぎし陸奥《むつ》湾内を船にのり進めば海風甲板に吹く

大いなる翼《つばさ》ひろげて鴎鳥《かもめどり》わが行く船の上に飛び交《か》ふ

芦崎《あしざき》の半島長く海の面に浮びて涼し秋の夕暮れ

路《みち》の辺にりんどう菖蒲《あやめ》 蛭草《ひるぐさ》の花乱れつつ秋は更け行く（注・蛭草…チドメグサの別称）

夕風に尾花なびきて大空の月さえ渡る秋ぞ淋《さび》しき

わが居間の窓の戸開きながむれば八日の月は峰に傾く
陸奥《みちのく》の果ての山野に親しみて月かげ仰ぐホテルの窓かな
虫の声清く冴《さ》えたる此《こ》の夕べ天恩郷の偲《しの》ばれにけり
大湊青年会場に大本の講演すべく両宣使行く
秋の夜の鈴虫の音《ね》に送られて宣使一同帰り来たれり

○

美人という言は普通女人の美の総称であって、換言すれば総括的美人というは外形美、いわゆる肉体美で、身体各部機関の完成せるものをもって美人というのである。

それゆえ少しくらい不完全なる女にしても、化粧修繕その要を得て、一見外見を装い一定時中その態度を持続する間は、世間一般の目より美人として取り扱わるるのである。ゆえに芸妓《げいぎ》、仲居、女優または散歩好きな令嬢などは美人として最も多く数字を占めている。

次に特種の美人がある。それは相対的美人で観察の時期および心理作用による美人である。ゆえに甲はこれをもって絶世の美人のごとくに思慮するも、乙はさまでに思わざるがごとき場合のある美人がある。ゆえに必ずしも外形美を完結せずといえども、その内容において一種の特点を有するものに対しては美人の称号を与うるも差し支えはない。

次に虚名の美人というのがある。これは新聞美人、写真美人、さし画《え》美人であって、実物に至っては顔の配合も四肢の配置も胴体の組織も然《しか》く完全でなく、その内容も実足していなくとも、虚名を売るの方策に長じ、言論筆説その妙を得て活社会の活舞台に立って、よくこれをごまかすの技能を有する女である。

この種の女は自己の誤りし過去の事実を臆面《おくめん》もなく発表して、しかもそれを自己の理想のごとく主張して平然たるの類である。年齢漸《よう》やく長《た》けて顔に小皺《こじわ》のできるようになっても、なおかつ平気の平左衛門で若かった生娘《きむすめ》時代の写真版を新聞雑誌に掲載し、もって社会的美人をもって自ら任じ得々たるものである。しかも彼らの写真版は何十回の筆を入れて修正に修正を加え、加工に加工を施して実物とは全く別個の感あるものがある。これらの美人を総称して虚名美人というのである。

また身体分子の配合すこぶるその妙を得ずとも、他に接して心情すこぶる篤《あつ》く、友人に対して親切、良人《おっと》に対して貞節至らざるなく、児《こ》に対して愛情の念深く家庭を思うの心切なる女を称して反面の美人という。

また好奇心を巧妙に利用する女を異様の美人という。流行の魁《さきがけ》とか、一種別様の風姿言語を用い、しかもこれを巧みに利用して特殊の舞台に活躍する女で、血族と習慣と思想を異にせる外国の女を見て、憧憬《しょうけい》の念禁じ難く悶々《もんもん》の情に苦しむ女、しかしてこれを羨慕《せんぼ》するがごとき一種の好奇心に囚《とら》われたる女である。変遷極まりなき現代の社会においてはこの種の美人も相当に認められているようである。

次に体躯《たいく》の組織完全にして誠に臀肉豊富四肢の活動十二分に達し、真に人間製造に適したるの女を称して曲線美人という。血色の良いそして活動力を有する国家的女である。その心理は別として人間が動物性を有するという見地からは実に堂々たるもので、良く天職を尽くすに足るべき完全な女である。

次にまた近時の世態を動揺せしめて、すでに絶世の美女のごとく両方面から憧憬《しょうけい》されたのは芸妓《げいぎ》の万龍《まんりゅう》、八千代（注1）をもってその最たるものとなすべきであろう。そして新聞や雑誌ではやされたのは森律子(注2)を筆頭に少し古いところで下田歌子(注3)、鳩山春子(注4)、およびこれに類する方面の女であろう。成り金女としては鈴木のおよねさん(注5)、風紀問題で噂《うわさ》に上ったのは芳川鎌子(注6)である。これらの美人といえども世人の噂に上るほどの価値あるものでなく、ただただ化装の光であったのだ。

【編者注】（注1）万龍、八千代…「東京の万龍、京都の千賀勇、大阪の八千代」と言われて日本三名妓と評された。（注2）森律子…最初期の女優。元代議士の娘であり、お嬢様女優と言われた。喜劇を得意とした。（注3）下田歌子…明治から大正期にかけて活躍した教育者・歌人。実践女子学園を創立する。（注4）鳩山春子…日本の女子教育の基盤づくりに活躍した「明治クリスチャン教育家」の一人。共立女子大学創立に関わる。（注5）鈴木よね…かつて現存した財閥・商社である鈴木商店を育てた実業家。昭和二年の金融恐慌で倒産した。（注6）芳川鎌子…当時流行歌になるほどに騒がれた情死事件に生き残る。伯爵の娘であり夫は子爵であったが、雇いの運転手と心中を図る。

終わりに歴史上の美人に言及すれば一種のロマンス的女で、この種の女に対しての論評は貞操をもって最大なる要件としたもののようである。ゆえに焔花《えんか》を飛ばすがごとき間にあって、なお良く貞操を厳守した女である。ゆえに変転多く活躍に富み、時に心胆を寒からしむるの活劇を演じた女である。過去の女だけに、その反面に対し批評を試みるの材料を有せざるの限りにおいては、すこぶる社会の尊敬と羨望《せんぼう》の的となり、しかして異性をしてその情緒に泣かしむるの美人である。平凡に説けば芝居的美人であり小説的美人である。

ああ、こう考えてみると世間は美女ばかりで醜婦は一人もないようである。

以上の美人観から見ると現代における有名な美人 平塚雷鳥(注1)、故九条武子(注2)、柳原燁子《あきこ》(注3)、伊藤あさ子、栗島澄子(注4)らの美人といえども、その内容と形体美についてはあまり飛び付くような逸品とは考えられない。ゆえに今は女を総括して美人と称えるより道はないと思う。

【編者注】（注1）平塚雷鳥…戦前と戦後にかけて活動した女性解放運動家。女性による文芸誌「青鞜」発刊を祝い、自ら寄せた文章の標題『元始、女性は太陽であった』は、女性の権利獲得運動を象徴する言葉として長く人々の記憶に残る。（注2）九条武子…西本願寺第二十一代法主・大谷光尊の次女として生まれ、仏教主義にもとづく京都女子専門学校（現・京都女子学園・京都女子大学）を設立。歌人としても活躍し、大正三美人の一人に数えられる。関東大震災に被災、復興事業も行うが42歳の若さでなくなる。（注3）柳原燁子…大正三美人の一人と言われた柳原白蓮のこと。炭鉱王と呼ばれた実業家の妻の身でありながら、社会運動家の法学士と駆け落ちをする。白蓮からの絶縁状、それに対する夫からの反駁《はんばく》が新聞紙上で報じられ、大正天皇の従妹でもあったことで宮内省までを巻き込む世間を揺るがす事件となる。当時、社会的に追い詰められた彼女を、聖師さまが一時、綾部に匿《かくま》われている。戦後、平和運動、世界連邦運動にもかかわる。
（注4）栗島澄子…明治から昭和期にかけて活躍した女優。日本映画界初期の人気女優。日舞の家元でもあった。絶頂期にはプロマイド写真が一日四千枚売れたという記録が残っている。

船にゐて見るや麓の桐の秋（大湊）　香鹿

秋人に雲唯《ただ》ならず恐れ山（同）　鳴球

◇九月二十一日　青森日報夕刊記事

大本講演会

大本教二代教主輔 出口王仁三郎、奥羽、北海道を経て樺太《からふと》に渡り、帰途東北経由巡教のついでをもって来田、二十日午後七時半より田名部公会堂において右随行員岩田鳴球、吉原亭両氏の講演会を開催の由にて多数の聴講を希望している。

◇九月二十一日

青森日報記事

出口聖師講話

北海道、樺太を視察し、目下市内 田端氏宅に滞留中の出口聖師は十九日午後二時、市内浪打《なみうち》なる協成高女校に臨み、同校に石斧《せきふ》を寄贈し、同校拝神の席に列し、一同の唱和せる迎歌に迎えられて後、北日本視察の感想を談じ、北海道、樺太の山火事の猛況とその原因、人口の希薄と北方人の使命、および蒙古《もうこ》入りの真情、ならびに日本の将来と日本魂の発揮とについて、激励するところあり。記念の撮影をなし午後三時、閉会した。

九月二十二日　於 十和田湖 安野旅館

朝の五時半、起きいで見れば、陸奥《むつ》湾は白く霧に包まれ、遠き山々の尾の上が黒ずんで見える。釜臥《かまふせ》の山には微《かす》かな旭光《きょくこう》が映えて、その頂上に灰白色の雲浮遊し、微風だもなく実に静寂の気分が漂う。

長い旅行を続けて食べ物の加減の日々変わりて、味無く従って元気も少々は衰えた心持ちで、わが肉体に適したる滋養物の少なきため、骨と肉と離れそうな感じがして、何となく寂し味を覚える。長らく酷暑と戦い、ようやく秋冷に向かったと思えば、胃腸を損して高野《こうや》にお百度を踏みつつ、目は落ち込むような心地がして、腹寂しく痛た眠たく、頭重く手足だるし。かなわんから目玉とび出しましませ。

大湊《おおみなと》駅に行かむと七時半朝風浴びて自動車のり行く

朝八時汽車は汽笛の声に連れ動き出《い》だせば信徒旗《まめひと》振る

朝凪《な》ぎの海の面に陽《ひ》は映《は》えて静けき波に浮ぶ芦崎《あしざき》

十二個の重油タンク青さびて海静かなる芦崎の浜

釜臥《かまふせ》山　旭《あさひ》日に青く映えながら風凪ぎ渡る陸奥《むつ》湾の面《おも》

小波《さざなみ》の寄する汀《みぎわ》に大いなる烏《からす》三つ四つ低う飛び行く

右左桐生の並ぶ海岸を汽車は漸《ようや》く脚《あし》速め行く

芦崎の松の並木の空遠く八甲田山の姿かすめる

田名部《たなぶ》川海に注げるそのあたり若松林青く清《すが》しき

七つ葉の花野の面に萎《しお》れつつ声悲しげにコオロギの鳴く

落葉松《からまつ》の林長々栄えつつ海の面《も》見えぬ迄《まで》になりにけり

神さびし苫生《とまふ》の松並芦崎の松の景色の勝《すぐ》れたるかな

田名部駅来たれば支部長宣信徒プラットホームに数多《あまた》出迎ふ

蕨野《わらびの》を彩《いろ》どる芒《すすき》の尾の花に陽の照り映えて風冷ゆる朝

津軽不二八甲田山かそけくも空にかすみて風静かなり

曲線美肌柔《な》めらかな丘の上に牝馬《ひんば》の草食《は》む静けき朝かな

稲の田の彼方此方《あちこち》見えて波凪《な》ぎし海の面近く迫り来たれり

点々と柏木《かしわぎ》並ぶ丘山の黄ばめる姿目に冴《さ》ゆるかな

森陰に白き煙の立つ見えて近川駅に汽車は駆け入る

津軽不二霞《かす》める海に二つ三つ白帆陽《ひ》に映ゆ近川の駅

アカシアの若芽あちこち茂りたるあいだを閉ぢて柏木の立つ

田に下りて稲刈る人の三四人見えつ隠れつ汽車は走れり

紫の波漂へる陸奥《むつ》湾に浮べる白帆の影さやかなり

男松原長く続きて人の家《や》の屋根に小石の並べたる見ゆ

果ても無く芝生の丘の広ごりて朝日隈《くま》なく野の面《も》照らせり

プラットに人々数多《あまた》立ち並びささやき合へり陸奥《むつ》の横浜

丘の上の桐生の畑の朝風に揺《ゆ》らげる辺り村雀《むらすずめ》啼《な》く

電線に燕《つばめ》七八つ並びつつ囀《さえず》り高し陸奥の横浜

落葉松《からまつ》の植林長く見え乍《なが》ら海原静けし有戸《ありと》の平原

何神の社なるらん松林茂る表に石鳥居見ゆ

秋の海の澄めるすがしさ黒松の小さきが浜に並《な》べて生《お》ひ居《お》り

有戸なる浜山の駅の叢《くさむら》に潜みて鳴ける虫の声かな

瑪瑙《めのう》石産地と聞えし有戸村は丘山低う野原広けし

低き丘伏し並びたる下北の尾花咲く野をひた走り行く

このあたり放牧場と聞きつれど牛馬の影なく野辺地《のへじ》につきけり

杉木立すくすく並ぶ野辺地駅に汽車待ちする間二十八分

野辺地の駅まで下北支部長 菊池叔三、同逸也、大湊《おおみなと》支部長 小笠原鮮明氏見送りあり。十和田へ同車見送る人々は、東北分所 佐藤雄蔵、奈良源太郎、相馬久治、石井福太郎、田端さき子、勝又六郎、佐藤直文、長谷川清一、立花新四郎、石井豊徳、菊池広、岩田久太郎、吉原亨、谷前喜代子、高麗春尾、梅田信行の十六氏なり。

杉木立小暗き奥に櫨紅葉《はぜもみじ》真赤く照りて風にそよげり
蝦夷《えぞ》立ちてしみじみ思ふ秋の色の内地は深く澄みてしあるを
千曳《ちびき》なる駅の表の杉木立根元に照れる薄紅の花
赤松の木作りなせり乙供《おっとも》の駅の間近の醜《しこ》けき小屋に

尾花なびく野辺の彼方《かなた》に小河原の沼の面《も》映ゆ見ゆ秋すめる陽《ひ》に

稲を刈る男子《おのこ》の白衣垢《あか》染みて鈍き秋の陽《ひ》淋《さび》しくはゆるも

久々に白樺《しらかば》見たり北海の人の 俤《おもかげ》 浮ぶ秋の野

盲人《めしい》にも生きん苦しみ三昧《しゃみ》を以て北の小駅をさまよひて居り

沼崎《ぬまざき》の駅をよぎれば小河原《こがわら》の沼のふところ広がりて見ゆ（注・小河原の沼…現・小川原湖）

十一時古間木《ふるまぎ》駅に降車して十和田湖行きの自動車に乗る

一直線野中の道を走りつつ十二時前に三本木に入る

三本木安野旅館に立ち入りて一行昼飯タンクに詰め込む

三本木町は、昔は広漠たる原野なりしが、安政二年（一八五八年）旧盛岡藩士故新渡戸伝氏遠く奥入瀬《おいらせ》川の水を引き、民家を新設して開墾に従事せしめ、商賈《しょうこ》を各地に招き、市街を創設して、需用供給の便を開きたるに始まり、今日の三本木町をなしたりとのことなり。しかるに本日の東奥日報には「三本木町の本当の開拓者発見」「新渡戸博士の祖父の以前に作助《さくすけ》という人があった」と題して左の記事が載っている。

寛文年間の古書発見さる

三本木町は今から六十年前に新渡戸稲造博士の祖父伝氏によって開拓されたごとく一般に信じられているが、このほど町の旧家桜田三千三氏宅から、二百六十四年前の寛文五年（一六六五年）四月作製の三本木村区界絵図ならびに当時の模様を記した古書が発見された。これによると、当時、盛岡の人で作助《さくすけ》なる男によって開拓されたことになり、伝氏の開拓されたという説が根底から覆されることになるので、識者間に種々論議されているが、いずれにしても考古学者の好参考資料として研究されている。なお桜田氏邸には作助を祭った祠《ほこら》が神明様として現存している。

○

付記す　横山祐吉氏は十和田湖行きを見合わせ、わが一行の手荷物の主なるものを監督して古間木《ふるまぎ》駅より盛岡に向かって出発せり。せっかくの十和田の観光を棒に振り、一行のために先発されしことを気の毒に思いつつ、ここに感謝の意を表して記入しおくべし。

三本木町《さんぼんぎ》金太事 安野旅館に休憩中、未信者にして訪問せし人 左のごとし。

山本嘉吉、海沼ひさ子、新渡戸わか子、安野邦郎、同ふみ子の諸氏。

いちいち記念の絵短冊を贈る。

午後一時半、三本木 安野旅館より四台の自動車を並べて、奥入瀬《おいらせ》川に沿い、爪先上がりの原野や渓沿道を上りながら、焼山《やけやま》の山里に進み、ここに休憩す。時まさに二時三十分なり。いよいよこれより勝景の地に入ることとなりぬ。

原始林 神さび立てるそのふもと流るる紫明渓水清けし

三本木より約一里半（約五・九キロメートル）にして中掫《ちゅうせり》に至り、初めて奥入瀬《おいらせ》川を渡り行くこと一里（約三・九メートル）強にして、奥瀬《おくせ》に達す。ここに法奥沢村役場あり、十和田観光に関する一切の便宜あり。それより二里（約八・九キロメートル）強にして渕沢に至る。左折すること三、四町（約三二七〜四三六メートル）石合砥《いしあわせど》の淵なる奇勝あり、これより漸次、奥入瀬川の勝景に入る。渓流を左にして進めば、風光ようやく佳《か》にして、歩一歩塵界《じんかい》を脱し、仙境に入るの想《おもい》あらしむ。

行くこと一里余り焼山《やけやま》橋に達す。橋を渡れば十和田道に入り、橋を渡らずして右折すれば、一里余りにして蔦《つた》温泉に至る。蔦温泉は焼山橋を左方に見て行くこと一、二町（約一一〇〜二二〇メートル）右岸より一瀑《ばく》懸崖より落つ。また楓《かえで》岩の絶壁を望むを得べし。それより緩坂を登れば約半里のところにて蔦川を渡る。この橋を昇天橋と称す。さらに半里にして温泉に達す。

蔦温泉を辞して反路、焼山橋に至ればここより子《ね》の口《くち》に至る三里半（約一三・七キロメートル）のみちは、海岸の沿道さながら山水の活画屏《へい》を巡らせるがごとく、すなわち有名なる奥入瀬《おいらせ》の渓流に入る。紫明渓《しめいけい》、三乱《さみだれ》および阿修羅《あしゅら》の流れは奇勝中の奇勝として賞すべく、それより女賊鬼神お松の隠れ住みしという口碑に残れる石合砥《いしあわせど》の岩洞あり。屏風《びょうぶ》岩、馬門岩《まかどいわ》の奇、駒止橋の勝、阿修羅の流れ、狂奔して壮観を極め、雲井《くもい》の飛爆 堂々九天より落ち、白銀《しろがね》の流れ淙々《そうそう》として、絶佳なる風光 応接にいとまあらず。それより両岸、数十の滝を望みて湖に近づく。一大瀑布あり銚子《ちょうし》の口の滝（現・銚子大滝）という。水声 鞺鞳《とうとう》（注・鼓《つづみ》あるいは鉦《かね》を打つ音の形容）、樹間を縫い山谷に響きて悽愴《せいそう》（注・すさまじくいたましいこと。また、ものさびしいさま）の気水中より湧く。行くこと十二町（約一・三キロメートル）にして水光 碧たる十和田湖に達す。ここを子《ね》の口《くち》という。

法蓮寺越ゆれば間もなく広瀬橋奥入瀬《おいらせ》橋 渓流清けし
青ずみし石合砥《いしあわせど》の淵ながめつつ公孫樹《いちょう》の老樹茂る見て行く
楓岩《かえでいわ》龍田の滝を右に見て焼山《やけやま》橋を渡り馳《は》せ行く
焼山のふもとの広き一つ家《や》にいきやすめつつ勝地にかけ入る
紫明渓《しめいけい》 水の流れの面白く山また古き名勝見て行く
三段の流れ樹間を縫ひながら水音高く飛沫《ひまつ》すさまじ
不動岩馬門《まかど》の岩や屏風岩《びょうぶいわ》目のさむる如《ごと》左右に立つ見ゆ
其《その》昔鬼神のお松潜みたる石ケ戸《いしけど》見れば心胆寒し

十和田湖の白籠《しこもり》の入江

十和田　奥入瀬《おいらせ》の渓流

数十畳斗《ばか》りの天然石《いわ》の戸を覆ひて岩窟造れる不思議さ
ブナ、クルミ、アカダモ楓《かえで》の老木に苔《こけ》むしながらコクワつる捲《ま》く
渓流を前にひかへて老樹茂る中にお松の住みし岩窟《ほら》かな
白銀《しろがね》の流れのあたり道狭《せば》み雲井《くもい》の滝は木の間にかがやく
阿修羅王《あしゅらおう》狂ふが如き渓流をアシュラの流れといふも具《ふさ》はし
大木の茂みを覗《のぞ》く権現《ごんげん》の岩の姿の雄雅なるかな
大小の岩に草木生《お》ひ茂る九十九島《つくもじま》のながめ目出度き
雲井《くもい》滝高くかかりて十五丁その上流に双龍《そうりゅう》滝あり
（注・十五丁…約一・六キロメートル）

道の辺に扇の如《ごと》くひろがりて落水清き玉簾《たまだれ》滝あり

二筋の白布をたれし如く見ゆる友白髪《ともしらが》滝の面白きかな
（注・現・双白髪《ともしらが》の滝）

二筋に別れて流るる高滝を姉妹《しまい》の滝と名付《なづ》けられたり

幾十丈高き崖より一筋に白々落つる白布《しらぬの》滝佳《よ》し

白糸《しらいと》の滝の景色の面白さ青葉すかして一入《ひとしお》美《うるわ》し

不老《ふろう》の滝あたりの木々は若々とみどり栄えて生気したたる

九段《くだん》滝落つる水瀬の飛沫《ひまつ》見れば乙女の機織る状《さま》に似しかな

大滝の落つる水音ゴーゴーと渓流一の眺めなりけり

大滝の高さ三十尺横幅は六十尺ある銚子《ちょうし》滝かな

千両《せんりょう》の岩のあたりに五両《ごりょう》の滝落ちて珍し原始林暗し

橋一つ渡れば山道の右側に獅子岩《ししいわ》目をむき口開き居《お》り

飛銀《とびがね》の瀬白々沫《まつ》を飛ばせつつ岩間《いわま》流るる風致妙《たえ》なる

天淵橋越ゆれば湖面あらはれて子《ね》の口《くち》に入り桟橋《さんばし》を見る

子の口の桟橋はなれ神代丸神秘の湖上走り初《そ》めたり

東湖の小島ケ浦《こじまがうら》の風光は日月潭《じつげつたん》の偲《しの》ばるるかな

御倉半島影に添ひつつ紺青《こんじょう》の波を披《ひら》きて中湖に向ふ

くれなゐの梢《こずえ》あちこち湖《うみ》の面《も》にうつりて清《すが》しき八雲岬かな
苔《こけ》の生《む》す古木茂りて水の面に映ゆる日暮し岬のよきかな
春の日も暮れてや行かん山水の景色見入れば飽かなくままに
雄大か将《は》た壮厳か海原を望みて並ぶ千丈幕岩
千丈幕打ち仰ぎつつ船の行く音も白浪《しらなみ》移る岩壁
小波《さざなみ》の静かに寄する三室岬岩に茂れる樹々のさやけさ
その昔大蛇の逃げし跡とめて血のりの光る五色岩かな
八郎の大蛇が血びきの記念てふ五色岩ケ根紫浪漂ふ
八郎蛇名残《なごり》止《とど》めし十和田湖の神秘を包むか紫の浪

遥々《はるばる》と山河越えて十和田湖の深き神秘を探る今日かな

伝説に富める十和田の湖の中湖の風光比《くら》ぶもの無し

千早振《ちはやぶる》神の斧《おの》もて削りたる千丈幕の壮厳なるかな

打ち寄する浪切り払ふ剣岬のあたり血潮に染むるもみぢ葉

日の本に比《たぐ》ひも知らぬ中の湖の千丈幕は要《かなめ》なるらむ

千丈幕見上げて言葉詰りけり

この景色日の本一と褒め乍《なが》ら猶《なお》賞《ほ》め足らぬ心地せしかな

五色岩上に白々突き立ちしラクダ岩の根波に動けり

緑濃き林に紅葉取り混ぜて湖面に映ゆる鴨《かも》眠り岬かな
称《とな》ふべき言葉も知らず中の湖の百《もも》の景色の秋の眺めは
仲秋の鈍き陽《ひ》浴びて遊ぶ船の足止《とど》めたき神代浦かな
神代浦珍《うず》の景色を眺むれば神代に帰る心地こそすれ
長々と引き回したる屏風岩《びょうぶいわ》は妹《いも》の土産《みやげ》に与《や》り度く思ひぬ
頂上に神人立つかと思ふまで奇《くす》しく浮ける烏帽子《えぼし》岩哉《かな》
波の穂の寄りて成れるか剣岬の岩の姿の剣に似しかな
百千万剣《つるぎ》集めて成れるかと思ふ斗《ばか》りの剣岩かな

岩壁の左右に長く拡がりて海抱へたる金屏風《きんびょうぶ》かな

苔《こけ》の生《む》す千引の岩に根を占めて生《お》ひ茂りたる千本松かな

浦波の穂は高々と船ばたを打ちつつ青き 占場《うらないば》の岬

さざれ石畳みて立てる赫壁《かくへき》の眺めも古びし君ケ代岩かな

業平《なりひら》の岩をし見れば紫の衣を纏《まと》へる如《ごと》くさやけし

今業平晴《は》れの衣に似たるかな全身紫衣を纏へる姿は

股に似し岩柱立つ小町岩に思ひも寄らぬ穴あける見ゆ

穴無しの小野の小町も十和田湖の主《ぬし》には穴を任せて浮くなり

○○氏涎《よだれ》の種となりぬらむ小町の岩の穴をし眺めて

小町岩見るにつけても思ふらむ若き男の子の此処《ここ》に遊べば

枝ぶりのいと面白き老木の交りてすがしき綾の浦かな

中の湖の荒浪鼻に受け乍《なが》ら万代動かぬ千鶴《ちづ》ケ岬かな

枝ぶりの佳き老松の波の上に這《は》ふて清《すが》しき千鶴ケ岬かも

惟神《かんながら》赤石《あかし》ケ浦に漕《こ》ぎ来れば島影に浮く燭台《しょくだい》島かな

湖《うみ》の面赤石の浦に蝋燭《ろうそく》の岩の浮くこそ面白きかな

蝋燭と燭台島の浮くそばに静かに浮ける鴛鴦《おしどり》の岩

秋の陽《ひ》に清く映えつつ水の面に影をうつせるアヤメゲ岬かな
波鼓《なみつづみ》時じく打ちて風致佳《よ》く水底にうつる鼓ケ浦かな
岩石の汀《みぎわ》に乱れて苔《こけ》のむす樹林の長き竜ケ岬かな
傘松の湖面を覗《のぞ》く風雅なる眺めを浮かす三角浦かな
権現《ごんげん》岬回れば俄《にわか》に波凪《な》ぎて湖《うみ》吹く風の止《とど》まりにけり
千丈幕木の間通して見え渡る見越の浜の風雅なるかな
老木の中に優れて幹太く磯辺に立てる夕暮松かな
葭《よし》草の生《お》ひて凹《くぼ》みし浦の輪のながめすがしき葭谷地《よしやつち》かな

西の湖の小波《さざなみ》うけて青々と緑木映ゆるテイウン岬哉《かな》

岩石を畳みたる如《ごと》水面に円《まろ》く浮べる亀甲岬かな

塩見岬浪打ちよせて砕岩の乱れ重なる状《さま》の風雅《みやび》さ

見るからに平和の気分ただよひぬ小波浦の長閑《のどか》な風致は

湖風《うなかぜ》を幾百年間浴《あ》み乍《なが》ら色香を代へぬミサヲ松かな

別府岬進めば島山紅《くれない》の梢《こずえ》あちこち森を彩《いろど》る

淋《さび》し気《げ》に波の秀《ほ》受けて水面に小さく浮けるグミの島かな

鬼の斧持ちて削りし如くなる岩柱並べる六方岩かな

紅と緑の林苔むして称《たた》ふ術《すべ》なき尾の上島かな

九重浦緑紅こき交《ま》ぜし木陰水底《みそこ》に映ゆる見事さ

瓢簞《ひょうたん》岬老松一本紅葉して惜まるるかな珍《うず》の景色を

高砂浦来たりて見れば湾内に何人の船か青きが浮べり

風光を何にたとへんものもなき扶桑ケ岬に溜息《ためいき》つきたり

地籠りの入江を見れば長々と白砂の汀《みぎわ》緩やかなりけり

地籠りの岩に小波《さざなみ》打ちつけて枯枝の交じる老松茂れり

蓬萊《ほうらい》の名に負ふ島の優姿《やさすがた》高麗春尾氏見る思ひあり

十和田湖畔　安野旅館
（出口聖師ご宿泊所）

十和田湖の六方岩と操の崎

豚の子の浮びし如《ごと》き形せる小さき種ケ島の可笑《おか》しさ
鎧《よろい》島兜《かぶと》の島と相並び波切り戦ふ状《さま》ぞ勇まし
弓の如《ごと》凹《へこ》みて静けき三日月の浦にきらめく鈍き秋の陽《ひ》
祠《ほこら》二つ並び祭れる蛭子《えびす》岩大黒岩の仲の良きかな
子《ね》の口《くち》をのり出し漸《ようや》く神代丸御前が浜に五時過ぎ着きけり
桟橋を伝ひて一行浜辺なる安野旅館に入りて休らふ
湖《うみ》の主《ぬし》の真夜中吾《われ》に現はれて神秘のかぎを渡して帰る

絶景にためらふ秋の詩情哉《かな》（十和田湖）　香鹿
紫の湖水に秋の舟一つ（同）　鳴球

◇九月二十二日　東奥日報記事

大本瑞祥会講演

大本瑞祥会の出口王仁三郎氏および随行の岩田鳴球、吉原亨の両氏は二十日、田名部《たなぶ》着。岩田、吉原両氏は同夜公会堂における瑞祥会下北支部主催の講演に臨み、翌二十一日は大湊《おおみなと》宇田《うだ》における同上講演会に臨むはずで、一行はさらに二十日、十和田湖を遊覧し、それより盛岡、仙台各地支部の講演会に臨席する由。

＝東北日記五の巻終わり＝

本書新訂版は、出口王仁三郎著『東北日記』五之巻（昭和三年十一月十四日発行）を底本とし、原則として左のとおり校訂した。

大本教学研鑽所

新訂版『東北日記』凡例

一、漢字の旧字体は新字体に改めた。ただし現在も旧字を使用している固有名詞についてては原文のままとした。

常用漢字表外の漢字や読み方は、振り仮名を付すか平仮名に開いた。ただし「吾」「我」の漢字は、読みやすさに配慮して適宜、平仮名に開いたところがある。

詩歌においては、常用漢字表外の漢字であっても、原文を尊重し平仮名に開かず適

宜読みを付してそのままとした。
一、動植物の名称については、時代の雰囲気を残す意図から、漢字表記のままとした。
一、底本における明らかな誤字・誤植は訂正した。
一、短歌や冠句などの詩歌は、原文を尊重し旧仮名遣いのままとした。
一、詩歌以外の文章については、現代仮名遣いに改めた。また、連体詞・接続詞・感動詞・助詞・助動詞は、平仮名書きを主体とした。副詞については訓読みの漢字は平仮名を原則としたが、慣用上、原文の漢字のままとしたものがある。
一、振り仮名は現代仮名遣いとした。ただし「みづみたま」など、大本用語として表記が定着しているものについては慣用に従い旧仮名遣いのままとした。
また、振り仮名を付した同じ漢字が連続する場合には、適宜、振り仮名を省いた。

また、底本には振り仮名が付されていなかった駅名・地名であっても、できるだけ読みを付した。

一、底本中にあった繰り返し符号（「ゝ」「ゞ」「〱」「〲」）の箇所については、漢字または平仮名書きにした。

一、読みやすさに配慮して読点・丸点・句点を新しく付した箇所、また読点を句点に差し替えた箇所がある。

一、文章量の多い段落は適宜小分けした。

一、時代の変遷により、現代においては分かりにくい風俗・社会背景・用語等については、解説を【編者注】などとして小活字にて付した。

一、一部の差別語・不快語については意味を変えずに言葉を改めた。また社会情勢の変化に伴い、現在では不快と受け取られかねない内容については一部削除した。

以上

新訂版『東北日記』四の巻　初版の左記の箇所の数字を訂正します。

	誤		正
四の巻　三五頁　八行目	一八六五年	↓	一八五九年

なお、右の箇所は再版にて訂正させていただきます。

新訂版《しんていばん》
東北日記《とうほくにっき》 五の巻《まき》

昭和三年十一月十四日 初版発行
令和元年十一月 三日 新訂版発行

著者 出口王仁三郎
編集 大本教学研鑽所
発行 株式会社 天声社

ISBN 978-4-88756-100-7